读客文化

完美主义
扼杀效率

工作的目标是成果，而不是完美

[日] 古川武士 著　白娜 译
Takeshi Furukawa

２割に集中して結果を出す習慣術

北京日报出版社

图书在版编目（CIP）数据

完美主义扼杀效率/（日）古川武士著；白娜译．－－北京：北京日报出版社，2022.3
ISBN 978-7-5477-4219-8

Ⅰ．①完… Ⅱ．①古…②白… Ⅲ．①工作方法－通俗读物 Ⅳ．① B026-49

中国版本图书馆 CIP 数据核字（2021）第 271205 号

2割に集中して結果を出す習慣術
2WARI NI SHUCHUSHITE KEKKA WO DASU SHUKANJUTSU HANDY VERSION by Takeshi Furukawa
Copyright © 2017 by Takeshi Furukawa
Illustrations by Inobe Adzusa and Satou Jun
Original Japanese edition published by Discover 21, Inc., Tokyo, Japan
Simplified Chinese edition published by arrangement with Discover 21, Inc.

中文版权：© 2022 读客文化股份有限公司
经授权，读客文化股份有限公司拥有本书的中文（简体）版权
图字：01-2021-7025 号

完美主义扼杀效率

作　　者：	［日］古川武士
译　　者：	白　娜
责任编辑：	曲　申
特邀编辑：	敖　冬
封面设计：	于　欣　　李子琪　　吴　琪
出版发行：	北京日报出版社
地　　址：	北京市东城区东单三条 8-16 号东方广场东配楼四层
邮　　编：	100005
电　　话：	发行部：（010）65255876
	总编室：（010）65252135
印　　刷：	河北中科印刷科技发展有限公司
经　　销：	各地新华书店
版　　次：	2022 年 3 月第 1 版
	2022 年 3 月第 1 次印刷
开　　本：	880 毫米 ×1230 毫米　1/32
印　　张：	5.25
字　　数：	113 千字
定　　价：	39.90 元

版权所有，侵权必究，未经许可，不得转载
凡印刷、装订错误，可调换，联系电话：010-87681002

目 录

序　言 …………………………………………………… I

序　章　完美主义会扼杀你的工作效率

追求完美真的不好吗？ ………………………………… 3
完美主义诊断测试 ……………………………………… 6
完美主义的三种类型 …………………………………… 8

第 1 章　短时高效地完成工作

01　完美主义者　从努力本身体会到成就感
　　　时效主义者　从做出成绩体会到成就感 ………… 12

02　完美主义者　在"努力"上不设限
　　　时效主义者　有节制地努力 ……………………… 16

03　完美主义者　过于严谨，导致速度慢
　　　时效主义者　多少有些粗枝大叶，但速度快 …… 20

04　完美主义者　讨厌时间压力
　　　时效主义者　巧妙利用 deadline 所激发出的极限
　　　　　　　　　潜能 ……………………………………… 24

05	完美主义者	见树不见林的工作方式
	时效主义者	拥有全局观的工作方式……28

06	完美主义者	活在未来,杞人忧天
	时效主义者	活在当下,关注眼前……32

07	完美主义者	琐事也要全力以赴
	时效主义者	琐事就想办法省时省力地完成……36

08	完美主义者	总是被邮件分散注意力
	时效主义者	活用邮箱使用规则……40

09	完美主义者	习惯于在一段完整的时间内工作
	时效主义者	倾向于用零碎时间做小型事务……44

10	完美主义者	开始得晚,习惯拖延
	时效主义者	从细微处着手,立刻行动……48

重点回顾　只顾眼前的人很危险!……52

第 2 章　通过"高效可行的准备"提高成果

11
- 完美主义者 ▸ 不轻易妥协
- 时效主义者 ▸ 策略性妥协,追求最佳成果………54

12
- 完美主义者 ▸ 试图全面覆盖
- 时效主义者 ▸ 专注于与成果直接相关的核心部分…58

13
- 完美主义者 ▸ 重视过程
- 时效主义者 ▸ 重视目的……………………………62

14
- 完美主义者 ▸ 立足于自己的坚持
- 时效主义者 ▸ 立足于对方的诉求…………………66

15
- 完美主义者 ▸ 沿袭前人之法
- 时效主义者 ▸ 在创新上下功夫……………………70

16
- 完美主义者 ▸ 试图克服弱点
- 时效主义者 ▸ 擅长发挥优势………………………74

17
- 完美主义者 ▸ 墨守成规
- 时效主义者 ▸ 勇于尝试新方法……………………78

重点回顾　何为"舒适区"和"挑战区"……………82

第 3 章　不畏惧失败，敢于行动

18
- 完美主义者 ▶ 遇事三思而后行
- 时效主义者 ▶ 做事雷厉风行⋯⋯⋯⋯⋯⋯⋯84

19
- 完美主义者 ▶ 追求一次就达到完美状态
- 时效主义者 ▶ 习惯先做草案⋯⋯⋯⋯⋯⋯⋯⋯88

20
- 完美主义者 ▶ 一招定胜负的思维模式
- 时效主义者 ▶ 从概率论的角度思考问题⋯⋯⋯92

21
- 完美主义者 ▶ 内心脆弱，容易受挫
- 时效主义者 ▶ 慢慢提升精确度⋯⋯⋯⋯⋯⋯⋯96

22
- 完美主义者 ▶ 为自己无法掌控的事苦恼
- 时效主义者 ▶ 专注于可控的事情⋯⋯⋯⋯⋯⋯100

23
- 完美主义者 ▶ 为全面应对所有风险做准备
- 时效主义者 ▶ 只为较大风险做好万全准备⋯⋯104

重点回顾　成果曲线⋯⋯⋯⋯⋯⋯⋯⋯⋯⋯108

第4章 创造"精神上"的富裕

24
- 完美主义者 ▸ 缺乏充足的时间
- 时效主义者 ▸ 创造充裕的时间……………110

25
- 完美主义者 ▸ 不轻易原谅自己
- 时效主义者 ▸ 懂得自我肯定……………114

26
- 完美主义者 ▸ 盲目包揽所有责任,并为之沮丧
- 时效主义者 ▸ 深知任何事都不需要自己负全责……118

27
- 完美主义者 ▸ 用义务感驱使自己行动
- 时效主义者 ▸ 用兴奋感驱使自己行动……………122

28
- 完美主义者 ▸ 评判标准只有满分或零分
- 时效主义者 ▸ 柔性思维,接受灰色区域的存在……126

29
- 完美主义者 ▸ 为了不时之需而囤积物品
- 时效主义者 ▸ 多余的东西就主动"断舍离"……130

重点回顾　学会用饼图法分散责任……………134

第 5 章　巧妙利用"他人的力量"

30
- 完美主义者：苛责他人的失败
- 时效主义者：对他人的失败宽容以待 …………138

31
- 完美主义者：八面玲珑，试图讨好所有人
- 时效主义者：从一部分人那里获得绝对的支持 ……142

32
- 完美主义者：希望能从所有人那里获得赞成票
- 时效主义者：彻底做好与核心人物的沟通工作 ………146

33
- 完美主义者：凭一己之力不断拼搏
- 时效主义者：巧妙借用他人的力量 ……………150

重点回顾　你是不是"非黑即白"的思维方式？………154

结　语 …………………………………………………155

参考文献 ………………………………………………157

序　言

　　2014年9月，世界网球四大公开赛之一的美国网球公开赛上，日本运动员锦织圭成为第一个打进大满贯决赛的亚洲人，他的打法可以说是将张弛有度发挥到了极致。我们一起来看看他在半决赛中对阵世界排名第一的诺瓦克·德约科维奇（塞尔维亚选手）时的比赛结果吧。

　　第1局　6∶4　　第2局　1∶6
　　第3局　7∶6　　第4局　6∶3

　　这里我们应该关注的是，锦织圭只得1分就失掉了第2局。回看比赛，我们能很清楚地看到当时他并没有勉强自己去追球。
　　不过，这正是他的战术，有意地避免白白消耗体力。在有取胜把握的局点，就拼尽全力；在可能失利的局点，就彻底地保持"松弛"。
　　有专家称，这种张弛有度、收放自如才是他的真本领。
　　换句话说，"松弛的时机"极其绝妙。
　　同样，在职场上如鱼得水、取得优异成绩的人，恰好也是那些懂得何时该用尽全力、何时该有所退让的人，并不需要将全部的力量平均地分配给每一项工作，而是将力量集中在其中最关键的两成，只有这样才能做出成绩，收获成果。
　　"他每天早早就回家了，为什么还能取得这么好的成绩？"

"为什么他看起来总是游刃有余的样子，却从未出现过不遵守 deadline（最后期限）的问题？"

大家周围是不是也有这种人呢？他们抓住了工作的本质，能够有针对性地在可以做出成绩的核心部分拼尽全力，在其他部分有意地放松精力，适时"偷懒"。

但是，张弛有度"说起来容易做起来难"，那么究竟难在何处呢？

难在大家心中的"完美主义思维"。

多年从事企业经营、商务人士咨询顾问的经验让我深刻体会到，追求完美的思维方式会降低工作效率，产生巨大的精神压力，让人畏惧失败，是使人陷入自我厌恶的元凶。

那么，高于完美主义的思维方式又是什么呢？正是"时效主义"。所谓时效主义，是指清楚什么时候该下力气，什么时候该放松（专注于最关键的两成），避免做无用功，在有限的时间内实现结果最大化。掌握了这种思维方式，你就能够在更短的时间内，取得更好的成绩。

除此之外，还可以避免给自己过度施加压力，同时缓解压力和不安。

在我看来，时效主义才是职场内外能够让我们在有限的时间内发挥最高效率找到幸福、做出成绩的思维方式。

本书将向大家介绍由完美主义转变为时效主义时所需的思维习惯和行为习惯。

如果能为你缓解无用压力、更有效率地做出成绩而提供一些灵感，将是我莫大的光荣。

序　章
完美主义会扼杀你的工作效率

 # 追求完美真的不好吗？

完美主义者会在"尽善尽美""注重细节"上体会到成就感，其实这本身并没有什么不好。

完美主义当然有它的优点。我们先来看看，在我主办的研讨会上，大家心目中追求的完美都有哪些好处吧。

完美主义的优点

- 感觉能把工作完成得很好。
- 能获得成就感和自我满足感。
- 有努力奋斗的上进心。
- 能获得他人的认可，受人尊敬。
- 可以没有失误。
- 自己能够安心。
- 能够认为自己已经努力过了。
- 完成度会有所提高。

当完美主义者向时效主义者转变时，或许就会产生害怕失去这些好处的恐惧心理。我也是一名完美主义者，所以完全能够体会这种心境。

但是，本书所介绍的时效主义，是指要做到张弛有度，避免做无用功，以实现结果的最大化为目的。从结果来看，周围人的评价以及取得的成绩都会有所提升。

▶ 对完美的过度追求会成为工作中的绊脚石

曾效力于美国职业棒球大联盟的铃木一朗所追求的理想击球方式是一种极致的美，他对此的探索正是对完美的毫无止境的追求。

日本赫赫有名的天妇罗之"神"——早乙女哲哉30多年来，每天都在钻研最佳的炸制方法，并多次复盘口味不佳的原因。

无论是大名鼎鼎的黑泽明导演，还是苹果公司的创始人史蒂夫·乔布斯，都是严重的理想主义者、完美主义者。对完美的追求和渴望与他们取得如此卓越的成就是息息相关的。

但是，在我看来，对于普通的工薪族来说，过度追求完美反倒会带来负面影响。

运动员或工匠等职业，对理想和目标的不断追求与探索，或许可以带给他人无限的感动。

而对于普通的工薪族来说，比起集中精力全身心投入某一项工作，更多的是在接到多个任务时，做到同步推进。在这个过程中，我们需要随时调整各项工作的优先级，优化工作过程，在有限的时间内做出成果。

换句话说，对完美的过度追求会妨碍过程的优化。

我见过很多人，明明手里积压了很多活儿，宁愿加班到半夜，甚至周六、周日还窝在公司里，都不愿交给别人去做，最终把身体搞垮。一位在银行工作的女性，也有下面这些烦恼。

- 工作上不允许出现任何失误,所以一定要做到完美。
- 总是害怕犯错,内心充满了不安与恐惧,精神高度紧张。
- 从很久以前开始,只要不按照自己定下的步骤完成工作,内心就会很焦虑。
- 对别人的要求越来越高,和那些"差不多先生"共事就会焦躁不安。
- 遇到一些责任重大的工作,总想着腾出点时间集中精力去完成,结果却总是一拖再拖。

类似的问题都会在本书中找到解决方案。

▶ 完美主义并非性格,而是习惯

"可是,完美主义不就是一种性格吗?"

这是一个经常会被问到的问题。

不过,根据我多次组织、参与研讨会以及从事咨询顾问的经验来看,完全可以断定"完美主义并非性格,而是一种思考习惯"。

改变性格或许是非常困难的,但习惯是可以控制的。

作为研究习惯的专家,我帮助很多人改变了他们的行为习惯、身体习惯、思考习惯。接下来,我将基于过往的知识和经验,介绍一种能够减少压力的思考习惯。

完美主义诊断测试

同样是完美主义,但事实上每个人的心理倾向却不尽相同。

我想,在掌握了自己的心理倾向之后再阅读本书,效果会更好。因此,让我们先来为你的完美主义思维进行一次诊断吧。

① 请回答下方表格中的问题。
② 计算每个问题的得分,并将总分分别填入表格右侧的空白栏。
③ 最后将**思维倾向1**:1~5题、**思维倾向2**:6~10题、**思维倾向3**:11~15题的总分标注在第7页下方的完美主义诊断图中。

标注过的完美主义诊断图(示例)如第7页左下方所示。

3 非常符合　　2 符合　　1 稍微符合　　0 完全不符合

序号	题目	回答	总分
1	如果事情的进展与预期不符,我常会否定自己,认为自己是失败的	3—2—1—0	/15
2	我认为,工作的结果只有"成功"或"失败"两种	3—2—1—0	
3	我认为任何事情都有正确答案,而且必须按照正确答案进行	3—2—1—0	
4	我平时的口头禅是"应该……"	3—2—1—0	
5	哪怕是很小的失误,我也无法轻易原谅自己	3—2—1—0	

续表

序号	题目	回答	总分
6	在接到工作任务时，我常会过高地估计完成这项任务所需的工时和完成后的工作成果	3—2—1—0	
7	我执着于自己的理想，对自己该做什么、该如何做深信不疑，完成一项工作，需要耗费很多多余的时间	3—2—1—0	
8	比起他人的要求，我更坚持自己的执念	3—2—1—0	/15
9	我认为自己有匠人精神，不轻易妥协	3—2—1—0	
10	即使再忙碌，我都争取将每一项工作完成得尽善尽美，不轻易妥协，导致长时间的加班	3—2—1—0	
11	不想让上司失望，渴望得到上司的认可	3—2—1—0	
12	指派的工作如果不能完美地完成，就会担心被批评	3—2—1—0	
13	即使只是被指出一些细小的失误，也会认为辜负了上司的期望而陷入自责	3—2—1—0	/15
14	如果收到"完成得不错"的称赞，就会格外开心	3—2—1—0	
15	给上司和前辈的报告一定会仔细地反复确认	3—2—1—0	

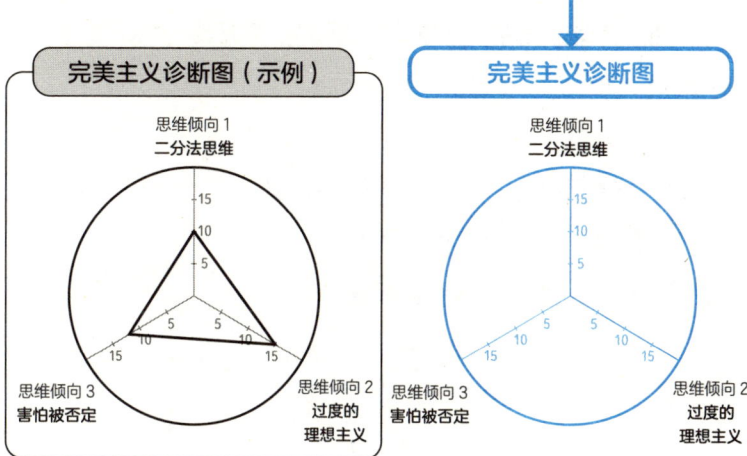

完美主义的三种类型

完美主义大致可以分为三种类型。

这也是我在从事咨询服务时，对思维倾向的分类。

下面我们就对各个要素进行说明。请对照完美主义诊断测试的结果，确认自己的思维倾向。

思维倾向1：二分法思维

这种思维倾向比较明显的人，会极端地认为事物的结果只有满分或零分，极度恐惧失败。

除此之外，他们还会无限地放大自己的失败，深刻地责备自己，陷入自我厌恶中。由于完美主义者看重条理、崇尚正确的性格，因此，他们并不擅长根据实际情况灵活地改变自己的计划和行为。

思维倾向2：过度的理想主义

拥有这种思维倾向的人，是理想主义者，对任何事都会设定极高的行为标准和完成标准。

结果，完成一项工作就会花费大量的时间，对轻易妥协、降低难度有着强烈的抵触感。

思维倾向 3：害怕被否定

这种思维倾向比较明显的人，非常在意他人的评价，害怕被人拒绝，过于察言观色、思前想后，缺乏行动的勇气，该做决断时犹豫不决。

完美主义的三种类型

思维倾向 1 二分法思维	思维倾向 2 过度的理想主义	思维倾向 3 害怕被否定

非黑即白的思维模式，极度畏惧失败，哪怕只是一个微不足道的失误，都会陷入深深的自责	在心中描绘完美的理想蓝图，过程中又不愿妥协，因此完成一项工作需要花费大量时间	在意周围人的看法，害怕别人不认可、不喜欢自己，思前想后，缺乏行动的勇气，怕犯小错误
思维习惯 3・4・5・6・7・9・10・11・12・13・15・18・19・20・21・22・23・25・26・28・29	思维习惯 1・2・3・4・5・7・8・9・10・11・12・13・14・16・17・19・22・23・24・25・26・27・30・33	思维习惯 3・4・6・7・8・10・15・16・18・19・25・26・31・32・33

第1章
短时高效地完成工作

完美主义者
从努力本身体会到成就感

时效主义者
从做出成绩体会到成就感

　　小 A 从刚进公司时就习惯于夸耀自己有多么忙，炫耀自己完成了多少工作，干了多少活儿。

　　深夜零点下班对他来说是家常便饭，经常到了半夜三更还在忙着写提案书。

　　一开始，上司也对他这种勤奋努力的态度夸赞不已，但某一天，在去吃午饭的路上，小 A 又得意扬扬地说道："昨天一直在公司忙到凌晨 2 点，几乎是熬了个通宵啊！"没想到却被上司训斥道："你以为在公司待得时间长就是工作吗？你不会把加班当成嗜好了吧！"

　　没错，"干得多""努力奋斗"渐渐演变成了一种"美德"。

　　其实，很久以前就是这样。许多人习惯于用时间长短来衡量一个人学习有多用功，却对那些备考效率高、在考试中取得好成绩的人嗤之以鼻。

但是，看看周围那些在职场上取得骄人成绩的人，他们总是能够利用身边的资源，及时且恰当地将自己手上的工作委托给别人，充分利用白天的时间完成一些重要的工作，19点以后就享受美好的私人时光。

▶ "流多少汗，就有多少收获"是个伪命题

Leverage Consulting 公司董事长本田直之在独自创业前曾担任过风投企业的负责人，据说即使是在公司上市前夕最为忙碌的时候，他也尽可能缩短劳动时间，即在19点前结束工作，19点以后就在外面见见朋友、聚聚餐。

"就算成天待在公司也不一定就能干出些什么了不起的成绩来，还是要多走出去。"本田先生如是说。

这一观点可以说带有"杠杆达人"本田直之先生极其浓厚的个人色彩。

擅长收放自如、张弛有度的人认为，不努力还能做出成绩才是最厉害的。

读到这里，可能有人会觉得这是"消极怠工"，是"偷懒"，但是所谓的不努力还能出结果，意味着要开动脑筋思考如何才能在付出最少精力的前提下，收获最大的成果，这才是时效主义者的高明之处。

在"努力"上用力过猛的人往往容易出现效率低下的问

题。原因就在于，他们习惯于努力本身获得的成就感，认为努力即"美德"，根本就找不出能够高效完成工作的新方法。

从减少对努力本身的"美德感"，认识到即使没有多余的努力也能收获成果做起，从下定决心为拿出成绩而思考做起，效率就会有所提升。

时效主义者

认为关键在于花最少的时间和资源，实现收益最大化

力求减少无用功，勇于尝试时间短、效率高的新方法

实践

❶ 善于思考如何能在最短的时间里拿出成果。

❷ 与时效主义者共事。

02

完美主义者
在"努力"上不设限

时效主义者
有节制地努力

"日本队的问题就在于练习过度,我要把练习时间缩短到每周3次,每次2小时。"

这是曾效力于神户制钢,创造7连胜传说的原橄榄球运动员平尾诚二在成为日本队主教练后提出的第一条训练方针。关于原因,他是这样说的。

实力强劲的国外球队的练习时间远远短于日本队。日本队花五六个小时练习的项目,国外球队只练习2小时。

但是,训练的密度完全不同。日本队要在6小时的练习时间内用完所有力气,所以从某种意义上来说,单位时间内的专注力是很低的。

相反地,国外球队的训练时间只有2小时,也就是说,从一开始就要进行高强度的练习。

橄榄球比赛,上下半场各40分钟,总共80分钟。国外球队训练的合理之处就在于，训练时长与比赛时长基本相当，要求运动员在 2 小时内保持精神高度集中。

换句话说，就是让运动员在训练的时候也像正式比赛一样，保持同样的紧迫感，发挥出全部的能量。平尾教练认为日本运动员在正式比赛时并不擅长保持精神的高度集中，所以才要开展训练大变革，缩短训练时间，相应地提高训练密度。

▶ 单位时间内注意力能有多集中

平尾教练的改革，重点就在于<u>如何提高单位时间内的专注力</u>。使运动员在比赛时保持精神高度集中的方法，同样适用于我们的工作，不是吗？

完美主义者大多勤奋努力，对待任何事情都习惯于使出浑身解数，但是这就容易造成工作时间越长、效率越低的问题。

反观时效主义者，他们选择集中注意力，在短时间内快速高效地完成工作。

<u>单位时间内注意力不够集中的人和高度集中的人，他们的工作效率是完全不同的。</u>拉开 3 倍以上的差距也是极为常见的。

有一家效率极高的公司，名叫"未来工业"。

这家公司的独特之处就在于禁止加班。8 点 30 分上班，17 点 40 分下班。

完美主义者

　　如果在这个时间段内没能完成工作的话，就要思考原因是什么，是否需要改进，以此来不断优化工作方式。正是因为这样，才能保持效率不断提升。

　　设定限制时间，保持坚定的决心，并想尽各种方法在限制时间内完成任务，如此一来，工作效率就会有大的转变。

时效主义者

实践

① 限制工作时间。
② 提高专注力的精度。

完美主义者
过于严谨,导致速度慢

时效主义者
多少有些粗枝大叶,但速度快

创作了900多本商业书籍的中谷彰宏先生可以说是速度达人。

比如,会要站着开。因为一旦坐下,就会开始聊些没有营养的闲话,导致迟迟无法下达最终决策。不仅如此,他还经常连外套都不脱就开始开会,因为开完会他还要外出。

比如要在10分钟内完成企划书。也许有人会说10分钟怎么够,但重要的是企划内容,而不是用电脑做出一份多么漂亮的资料,中谷先生可能会选择当场手写一份企划书。

有这样一个故事,从事企业经营顾问的神田昌典先生向中谷先生发出面谈邀约。

发出邀约当天,神田昌典先生就通过传真收到了超级忙碌的中谷先生发来的感谢信,那封信还是中谷先生亲手写的。信中写道"从很久以前就想着能与先生您见上一面",字里行间透露着满满的感谢。

收到这封信的神田先生非常感动,他从没想到中谷先生竟然能在百忙之中抽出宝贵的时间发出一封感谢信,而且还是在当天就发出的手写信。

▶ 速度快慢,影响期待值的高低

这个故事的核心在于速度。神田先生说:"其实感谢信上的字并非有多么漂亮,关键是如此快地收到这封信,这让我非常开心。"

也就是说,单单是快速回应,就能让人感到满足。相反地,时间过得越久,就越会期待收到高质量的反馈。

完美主义者习惯于严谨地完成后再进行反馈。这本身并没有什么坏处,但是更多情况下,快速应对更能让对方感到欣喜和满足。

就像中谷先生那样,当场提交企划书、10分钟内完成一场会议、立即用传真发送感谢信等,或许在每一项工作上花费的时间很短,可能还有些粗糙,但"快速"就足以让人满足。

举例来说,如果要在短时间内快速完成公司内部会议的会议纪要,即使纪要的措辞有些瑕疵,但在确认纪要的参会者的心中,对这份纪要的印象并不会很差。因为这样做有很多好处,比如可以在大家的记忆还比较清晰的状态下准确地确认纪

完美主义者

花费过多时间

↓

提交得太晚，引发对方的不满

> 其实没必要写得这么工整……与其这样，还不如早点交上来……

> 嗯

要是否有误。

但是，如果过了一周才提交会议纪要，就有可能会被批评，"太晚了""不能做得更快一些吗"。即便是同样的内容，提交时间的早与晚，收获的评价也大不相同。

时效主义者

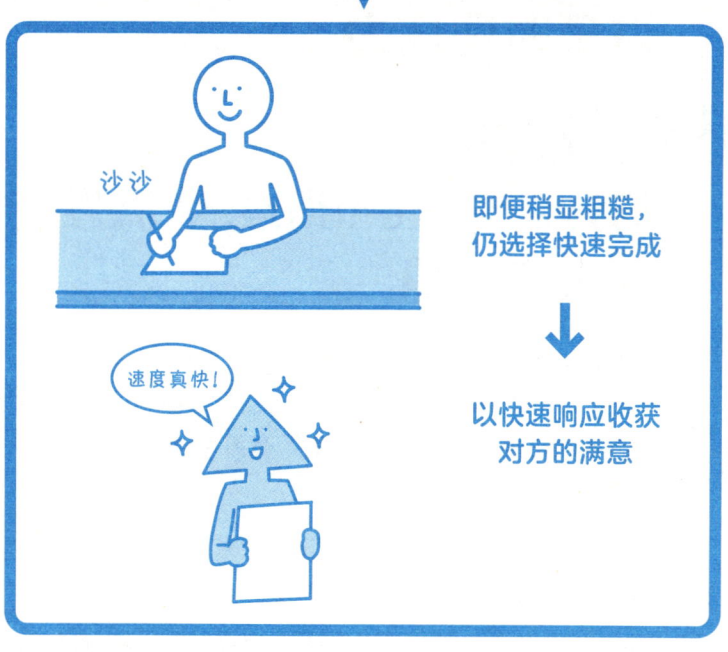

实践

① 不拘泥于形式,在快速高效完成上下功夫。

② 从风险低的工作开始做起。

完美主义者 讨厌时间压力

时效主义者 巧妙利用 deadline 所激发出的极限潜能

"工作量会不断膨胀,直至占满所有可用的时间。"

这是 1958 年英国历史学家、政治学家诺斯古德·帕金森在其著作《帕金森定律》中提出的法则。

这个理论阐述的是,如果一个人在完成某项工作时给自己安排了充裕的时间,那么为了用掉所有的时间,他就会在无形中放慢节奏,使工作效率变得低下。

帕金森定律原本是研究行政组织或企业效率低下的产物,但从时间效率的角度来看,这一定律可以说是一针见血,意义深远。

反过来说,如果能够灵活运用"deadline 效应",激发自己的极限潜能,就能找到在限定的时间范围内完成工作的办法。

毋庸置疑，能够有效提高效率的自然是"deadline效应"。

▶ 利用"deadline效应"，提高专注力、思考力

完美主义者崇尚理想的过程，所以比起踩着deadline完成工作，他们更喜欢时间充裕，游刃有余。当然，时间充裕也有一定的好处，比如能够应对一些意料之外的变故。

在这一前提下，我反倒会建议完美主义者在一些重要度相对较低的工作上灵活运用"deadline效应"。

在工作中灵活运用"deadline效应"有以下优点。

- 专注力立刻得到大幅提升。
- 能够开动脑筋思考如何省去多余的工作。

有限的时间内，必然无法执行理想的过程，那么就必须重新构建最有效率的工作方式。这时，就会被迫重新审视工作方式。

其结果，就能锻炼我们的思考能力，让我们学会区分哪些工作是必不可少的，哪些是无用功。

我习惯于把计划表填得满满当当。如此一来，当多项工作同时迎来deadline时，按照以往惯常的做法，肯定会错过截

完美主义者

> 到截止期限时间还很充裕，做起事来反倒会拖拖拉拉

先把资料全部确认一遍吧。

止期限，那么就不得不调整工作方式。

就像这样，把自己逼到 deadline 前最后一刻，就能激发出自己的潜能，在有限的时间内以最高效率完成多项任务。

时效主义者

灵活运用"deadline 效应",提高单位时间的生产力

> 只把能用到的资料确认一遍吧。

实践

❶ 特意设定一个更早一些的截止日期。

❷ 越是时间紧迫,越要静下心来计划。

05

完美主义者
见树不见林的工作方式

时效主义者
拥有全局观的工作方式

如果只关注眼前的事物，往往会被束缚住，陷入窘境。

比如，按照接到指示的时间顺序工作，收到了一封邮件，就立马着手邮件中安排的工作，结果上司突然又让做资料，便立刻去做资料。

诸如此类，没有任何计划性，只是盯着眼前的活儿，被工作牵着鼻子走，工作效率就会非常低。被工作折腾了一天之后，回过头来才发现最重要的工作竟然还没有动手，到那时只会感叹，"真是走了好多弯路啊""做了些无用功啊"。

反观时效主义者，他们会做好每一星期、每一天的工作计划，然后再专注于眼前的工作。

做好每一星期、每一天的计划，意味着视线范围内不仅有眼前的一棵树，更有背后的大片森林。

比如，能在面对眼前的工作任务时，拥有全局观，就会思考"这项工作必须现在就做吗""这种优先度真的合理吗"。不仅如此,还会仔细确认紧迫性,视具体情况与对方交涉延长 deadline。

由此即可根据实际情况,以自我为主体,灵活调整各项工作的优先度。

▶ 工作时要有全局观

完美主义者容易将焦点放在小事上,因此有时会忽略整体情况。

其结果,真正重要的事项反倒极有可能被忽略,往往工作内容已经发生变化,有的作业已经不需要了,却仍然闷头在做。

解决这一问题的要点就在于是否拥有全局观,是否能看到一棵树背后的整片森林。

俗话说"站得高,看得远",只有自上而下俯视,才能准确把握所有工作的重要度,察觉出其中的变化。

工作内容是会因情况的改变而变化的。眼下的情况或许已经与上司指派工作任务时有所不同。所以在工作过程中必须随时关注相关事项的进展情况。客观地看待过度专注于眼前某一项工作时的自己,是非常关键的。

如果你的直属上司是科长,那么就站在部长的角度宏观地

完美主义者

[眼前的工作]

审视工作。倘若能够把站位放在比自己高两级的领导的位置上，就能总览全局，帮助你思考"工作的重点是什么""有没有风险"等。

除此之外，还要时常在心中问问自己，如果我是领导，给下属安排这项工作究竟是何意图。

时效主义者

工作的整体情况

眼前的工作

实践

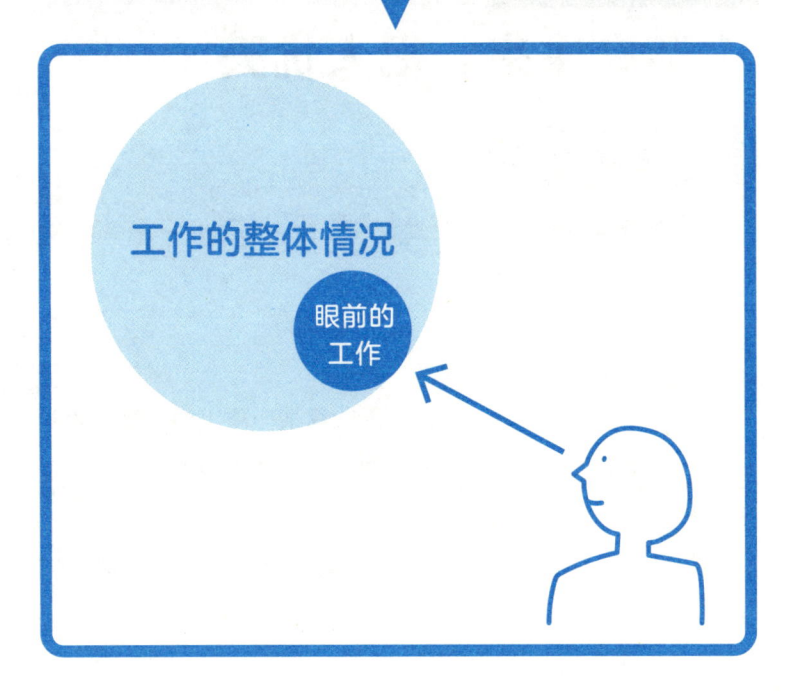

① 站在比自己高两级的领导的角度思考。

② 想象如果自己是上司会怎么做。

06

完美主义者
活在未来，杞人忧天

时效主义者
活在当下，关注眼前

你有没有这种习惯——手上正忙着某一项工作，突然想起了另外一件事，便开始忙那一件事，结果两件事都没干完，工作效率非常低。

完美主义者很容易焦虑，所以总是担心这个害怕那个，"是不是忘记了些什么？""这样 OK 吗？"……

我以前也是这样。

正做着资料呢，中途又忙着回复邮件，或是打电话联系业务。

就像汽车在行驶过程中每次变换速度都要更换挡位一样，这种一心多用（同时进行多项工作）的工作方式，在每次改变工作内容时，就需要转化思维。

如此一来，势必会分散注意力，结果手上净是些干了一半儿的工作。

反观时效主义者，他们习惯于单任务工作方式，即只专注于某一项工作。

一旦开始着手某项工作，即使有人打扰，或是有其他事情干扰，也会直接回复"不好意思，现在腾不出手来"，等忙完手上的事再去处理。如果是比较紧急的事情，虽然会应允下来，但还是会明确地告诉对方"下午再给您回复哦"，依旧能够优先完成手上正在进行的工作。

集中注意力给每一项工作画上句号后，再去做下一项，才可以避免多余的"换挡"，切实高效地推进工作。

▶ 高效的工作方式——单任务推进

如果要切换工作内容，大多数情况下要花费一定的时间才能进入状态，还会消耗一定的能量。真正进入正轨之前白白浪费大量时间，无形中影响了工作效率。

提高工作效率的关键在于，一心一意把注意力集中在某一项工作上。

完美主义者总是为无法完成工作而不安，常常担心要是失败了怎么办。

比如，"小 A 能不能赶在 deadline 前完成啊""小 B 的提案有没有顺利通过审批啊"，总是为各种事情而焦虑不安。

完美主义者的内心深处总是隐藏着毫无缘由的不安和对自

完美主义者

> 同时推进多项工作，导致注意力不集中
>
> - 资料有没有什么不足啊……
> - 还没和领导约好汇报工作的时间呢！
> - 领导还让我去接待客户。
> - 还要回复邮件。
> - 恍恍惚惚

己无法掌控的事态的焦虑，时常害怕如果自己的担心变为现实该如何是好。

　　如果正在做某一项非常重要的工作时，脑海中浮现了其他令你担忧的事，那么就先把那件事写在纸上，放在一边吧。倘若还能写下"需要做些什么""何时着手"，那么就能放下心来，专注于眼前正在进行的工作。

时效主义者

一心一意集中注意力干一件事，因此工作效率不会降低

集中

专心，回邮件。

实践

① 减少焦虑，消除不安。

② 提高只集中于某一个点的注意力。

07

完美主义者
琐事也要全力以赴

时效主义者
琐事就想办法省时省力地完成

如果身处团队中举足轻重的位置，那么工作量相应地也会有所增加。

要想快速高效地完成工作，就需要在面对重要度较低的琐事和意义重大的要事时，做到有张有弛、有紧有慢。

但是，完美主义者却很难做到这一点，在处理琐事时，不懂得省时省力。

当然，省时省力并不代表可以敷衍了事。说白了，这不过是一个如何分配时间的问题。

完美主义者总是在无意识中追求减少失误，无论是对内还是对外的邮件，回复时都过于小心谨慎，翻来覆去地检查报告里有没有错字、漏字等。

反观时效主义者，他们却习惯于想办法省时省力地完成琐事，尽可能不在琐事上浪费太多时间。

给大家讲一个我从在银行工作的朋友那里听来的故事吧。

银行的工作，即便是一些鸡毛蒜皮的业务，一旦出现失误都会成为大问题，所以银行的办事员总是带着压力和紧张给客户办理业务。

在银行里，有一名非常优秀的办事员，她总能在不出现失误的前提下，非常高效地办结业务。

在和这名优秀的办事员讨教其中的秘诀时，她是这样回答的。

"一般来说，容易出现失误的大多就是那几个固定的环节，一旦出错后会造成很大影响的无外乎那几处，所以我总是会以那几处为重点进行确认和检查。

"除此之外，我还会参考过去的成功案例，只需修改个别相对比较典型的内容就可以了。

"这样一来，需要确认检查的内容就会有所减少，干起来就轻松了许多。"

省时省力地完成工作，并不意味着失误。看来，懂得什么时候该下功夫，什么时候该"偷个小懒"是非常关键的。

▶ 每次都要花费同样的时间和精力，就意味着没有改进

要想避免在琐事上浪费太多时间，提高速度和改变工作方式是不可或缺的。

完美主义者

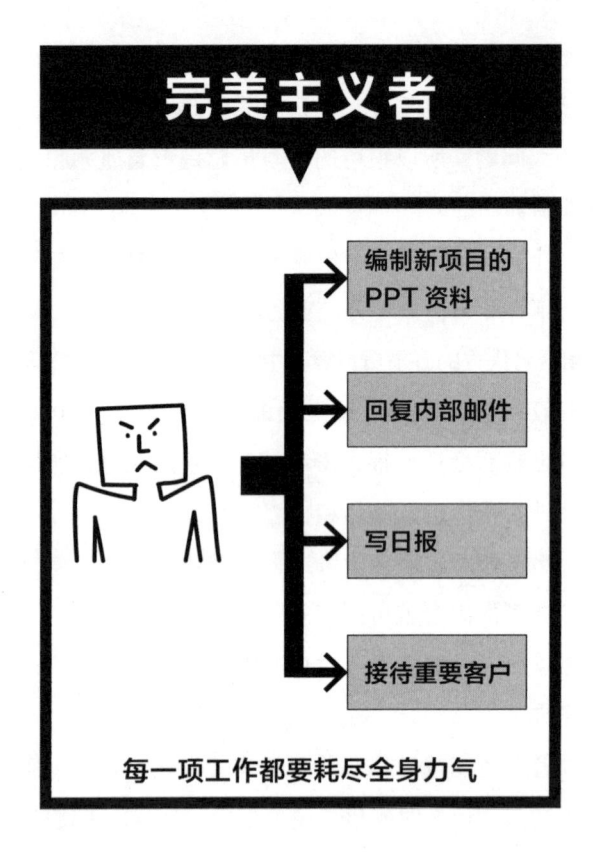

- 编制新项目的 PPT 资料
- 回复内部邮件
- 写日报
- 接待重要客户

每一项工作都要耗尽全身力气

比如，尝试在 50 分钟内完成过去需要 1 小时才能做完的工作吧。过程中，要静下心来思考如何才能省时省力且高效地达成这一目标。

如果在同一件琐事上，需要多次反复用同样的方法，那么就只能以相同的效率推进，也就很难腾出时间去完成其他更重要的工作。

时效主义者

编制新项目的 PPT 资料

回复内部邮件

写日报

接待重要客户

除了意义重大的要事，其他工作都能省则省

实践

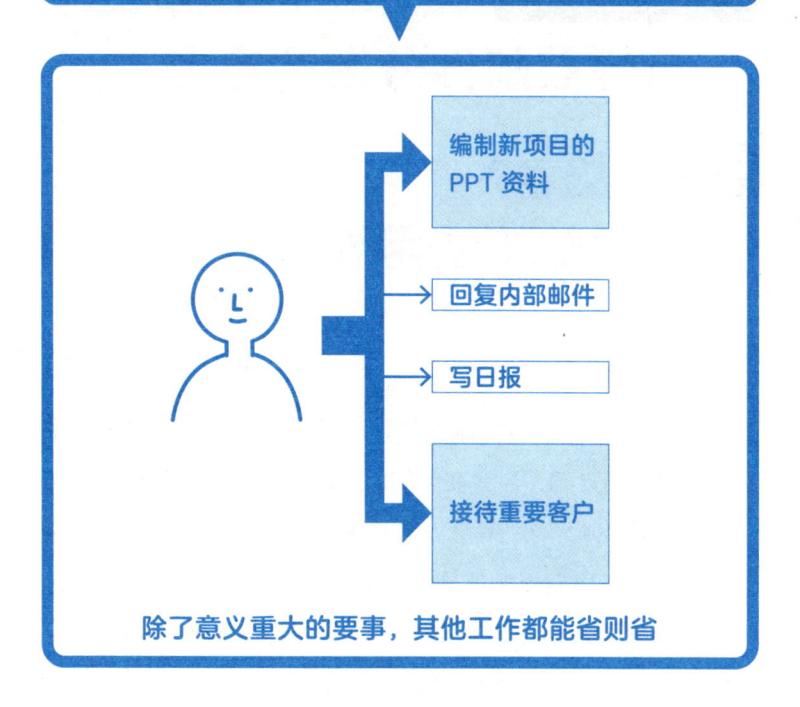

❶ 固定的日常工作，就想办法省时省力地完成。

❷ 从同事身上或书本中学习高效应对琐事的智慧。

08

完美主义者
总是被邮件分散注意力

时效主义者
活用邮箱使用规则

小 A 在公司用电脑办公时，习惯让邮箱始终保持常开状态，哪怕是出外勤，也会在空闲时间用手机确认和回复邮件。

也正因如此，小 A 每天要收到 250 封邮件，还要回复 100 封。而其中有很多都是需要调查确认后才能准确回复的，所以加班成了家常便饭，整个人被邮件折腾得疲惫不堪。

而小 B 却从不会被卷进邮件的旋涡中。

<u>关键在于他制定了一套邮箱的使用规则，即每天只在 9 点、13 点和 17 点收发邮件。</u>

再看看小 B 回复的邮件，没有任何多余的词句，言简意赅、直截了当。除此之外，如果打电话直接沟通能比发邮件更快地解决问题，他就不会再回邮件了。

同样的业务内容，小 B 每天只收到 150 封邮件，回复的更是只有 60 封。小 B 收发邮件的数量远远少于小 A。

结果是，与小A相比，小B的下班时间平均下来要早2个小时。

▶ 不要被卷入邮件的旋涡

不论是邮件、电话，还是业务上的安排，完美主义者都崇尚极致的周到和严谨。

而时效主义者，却习惯于把时间用在最重要的工作上。比起在收发邮件上花费大量时间，他们更喜欢腾出时间当面与对方沟通，或是静下心来思考新的提案。

被邮件牵着鼻子走的人，一般都有以下3个特征。

① 不确认邮件就不安心，所以就会时不时地打开邮箱，看看有没有未读邮件。
② 一通电话或是当面沟通就能解决的问题，非要来来回回发好几次邮件。
③ 每次写邮件都过于小心谨慎，追求有礼有节，单单发一封邮件就要耗费很长时间。

出于这3个特征，花在收发邮件上的时间越来越多，占用了大量的工作时间。

邮件，的确是工作过程中必不可少的工具。但是，究竟

完美主义者

频繁确认邮箱,每次都周到谨慎地回复邮件

↓

被邮件牵着鼻子走,工作时间被大幅压缩

"怎么感觉这一天净回复邮件了……"

嗒嗒

是被它牵着鼻子走,还是巧妙地用好它,工作效率是截然不同的。

如果你也有经常确认邮箱的习惯,那么建议你把确认邮件的次数减少到"每小时一次"或"每天最多三次"。

时效主义者

制定邮箱使用规则，
兼顾电话或当面沟通

↓

有效缩短收发邮件的时间

> 关于您在邮件中咨询的那件事……

实践

❶ 制定邮箱使用规则。

❷ 巧妙运用电话沟通或面对面交流。

09

完美主义者
习惯于在一段完整的时间内工作

时效主义者
倾向于用零碎时间做小型事务

假设，你的待办事项清单里有下面这些工作任务。

前提条件为你是一名销售员，需要在9点～17点拜访两家客户。

- 电话联系A客户，调整走访日程。
- 给领导汇报商务谈判的进展。
- 写日报。
- 编制给B客户的提案书。
- 收发邮件（20封）。

面对这些工作，你会如何安排呢？

这些工作任务中，能够用零碎时间完成的是电话沟通和收发邮件。

如果是完美主义者，就会把那些需要思考的工作安排在一段完整的时间内，坐在办公室里沉下心来集中完成。

而时效主义者，却会在零碎时间内尽可能完成更多的工作。

比如，给领导汇报工作，如果能先用邮件在出外勤的时候进行简要汇报，并在邮件中写明"详细情况待返回公司后再做汇报说明"，汇报时间就会大幅缩短。

日报，只要在每次走访完客户都进行相应的补充，等回到公司后只需最终确认即可提交。

给 B 客户的提案书，可以这样分配工作。

- 思考提案内容（在公共交通上进行）。
- 手写提案内容（走访客户的间隙，在咖啡店集中注意力思考 20 分钟）。

如果能做好这些准备工作，那么回到公司之后只需要把手写的内容转化成 PPT 就可以了。

加班频次少、效率高的人，大多都擅长巧妙利用零碎时间。

尤其是外勤比较多的工作，能否有效利用碎片化的时间，对加班时间的长短起决定性作用。

▶ 零碎时间比我们想象中的要多

我在从事企业经营顾问时，通过对销售部的员工进行了仔

完美主义者

- 给领导汇报工作
- 做提案书 → 在办公室里集中完成
- 写日报
- 电话联系客户 → 在路途中处理
- 回复邮件

来吧！开始干！

习惯于在某一段完整的时间里集中工作

细深入的观察，我发现乘车或步行的移动时间、等待时间等都是他们的零碎时间，算下来平均一天有3小时。

当然，这3小时是30分钟等候时间，还有坐电车的10分钟、步行的5分钟，以及乘车的20分钟等，各种被碎片化时间的合计值。

正因为如此，我们才要采用区别于办公室里完整的3小时的方法去有效利用这些宝贵的时间。

时效主义者

工作	处理方式
给领导汇报工作	→ 在外勤地用邮件汇报
做提案书	→ 在公共交通上思考提案书的内容
写日报	→ 每结束一次走访，就做相应补充
电话联系客户 / 回复邮件	→ 在路途中处理

什么样的企划比较好呢？

巧妙利用碎片时间

实践

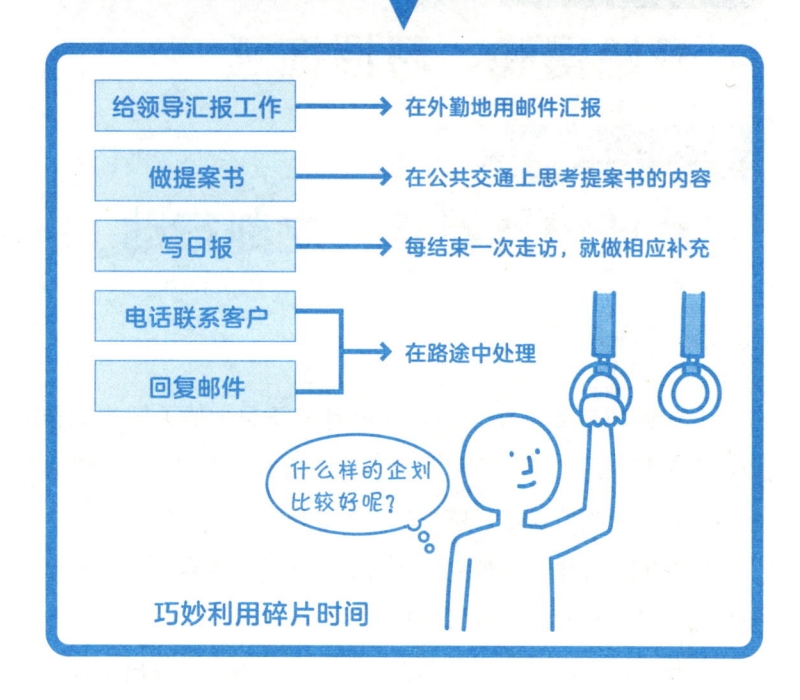

1. 统计自己有多少零碎时间。
2. 把等候时间、乘车时间与工作任务联系起来。

10

完美主义者
开始得晚，习惯拖延

时效主义者
从细微处着手，立刻行动

人在遇到自己不擅长的工作或是责任重大的关键性工作时，大多都不愿动手，习惯于尽可能往后拖。原因在于，人会不自觉地回避那些让自己感受到巨大心理负担的工作。

完美主义者往往追求完美的开始，所以面对自己不擅长且责任重大的工作时，更容易拖延。

以写报告为例，完美主义者首先会在脑海中想象出一幅已经完成报告的画面。如此一来，就会联想到自己并不擅长的写作、错字漏字的确认核对以及领导的全面否定等，越想越没有动手的积极性。

反观时效主义者，他们的思路是一点点累积，只要最后写完了就行，所以能够将最开始的一步化解为最小单位，然后立刻行动。

还是写报告的例子，时效主义者会先集中注意力思考整篇报告的结构。

如果能从细微处动手，压力也不会那么大，整个工作会一点点向前推进，不知不觉中就完成了。但是，一旦有所停顿，心情就会更加沉重，随着完成期限一天天逼近，压力也越来越大。

▶ 拆解细化工作任务，以5分钟为单位动手

要想养成高执行力的习惯，关键在于如何减少心理负担。

而要想减少心理负担，采用"下切法"和"婴儿学步法"迈出第一步是极为有效的。

下切法，是指将工作拆解划分为多个小任务。比如，我们尝试用下切法来完成写报告的工作。

① 从过往的报告书中寻找可借鉴的实例。
② 以分项列举的形式打草稿。
③ 征求前辈的意见。
④ 写正文。
⑤ 拜托文员同事帮忙检查有无错字、漏字。
⑥ 最终确认。

就像这样把工作拆解为多项小任务，就能摆脱写报告这项

完美主义者

在脑海中想象从开始落笔到完成报告的"漫长路程"

写报告

↓

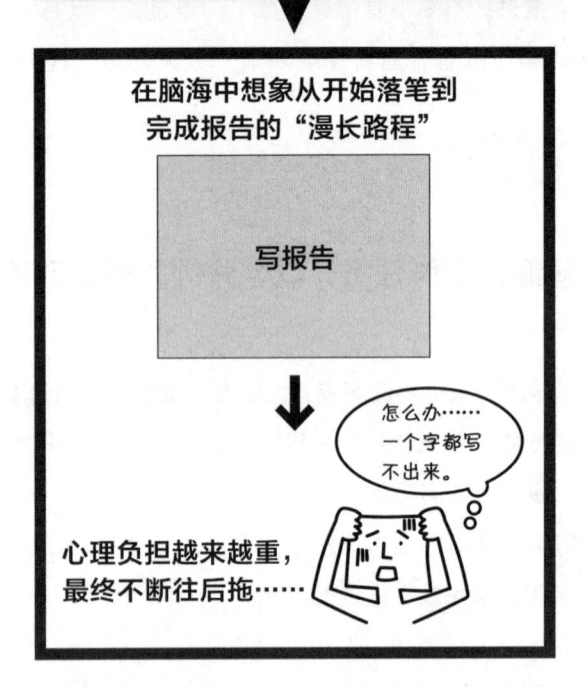

心理负担越来越重，最终不断往后拖……

怎么办……一个字都写不出来。

看似庞大的工作任务所带来的压力，从而轻松地迈出第一步。

另一个方法是"婴儿学步法"。顾名思义，是降低工作难度，把从细微处开始行动比喻为"像婴儿学步一样一小步一小步地往前走"。比如，尝试着在5分钟内完成"从过往的报告书中寻找可借鉴的实例"。

时效主义者

拆解工作,从细微处着手

```
          写报告
    ↓       ↓       ↓
寻找过去可  打草稿    写正文
借鉴的实例
            ↓
         已经写好啦!
```

毫无压力,很快就能完成

实践

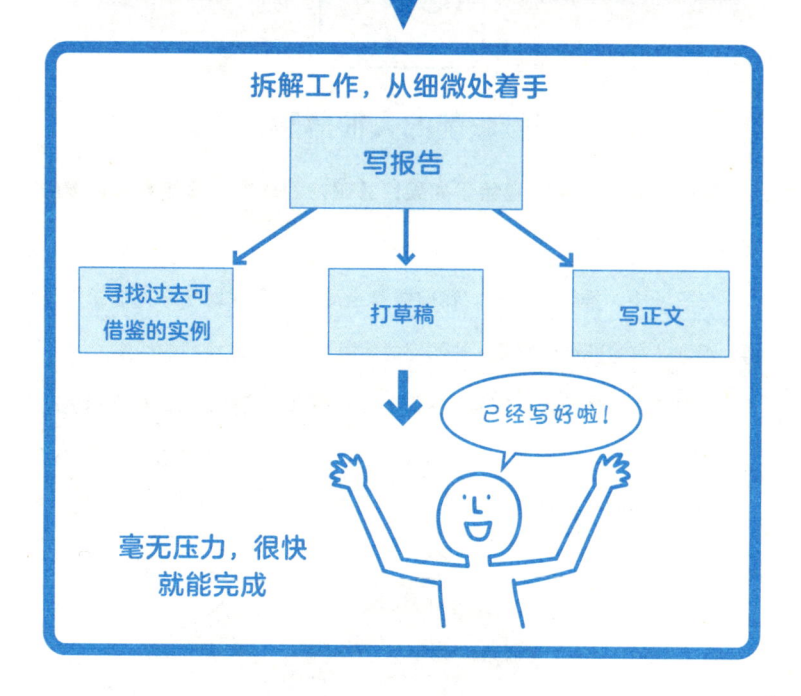

❶ 拆解工作任务。

❷ 似婴儿学步般迈出第一步。

重点回顾

习惯 05

只顾眼前的人很危险！

下面这幅图清晰地描绘了如果只顾眼前的事物，最终会被吞噬的道理。

在职场中，推进工作时，我们要有全局观，宏观地全面把握工作任务；否则就有可能错过重要工作的完成期限，造成无法挽救的后果。

给你指派工作的人，并不了解你手上都有哪些工作，所以你必须主动制订一周、一天的工作计划，一旦接到了紧急的任务，就需要与对方沟通完成期限，从而及时调整优先度。

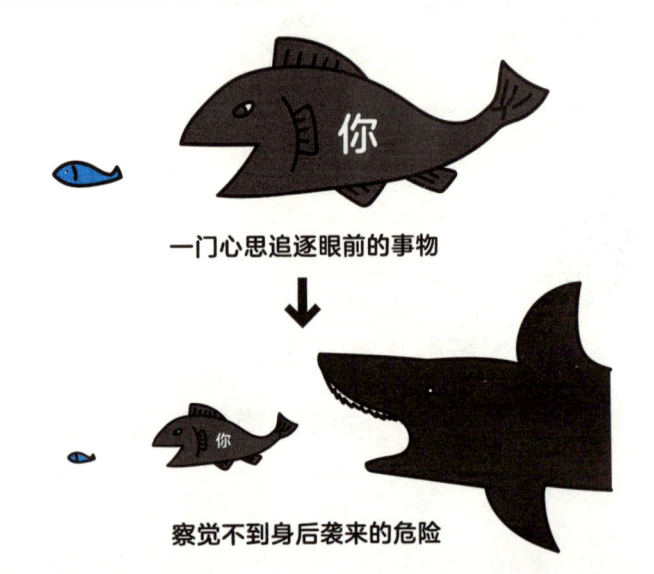

一门心思追逐眼前的事物

↓

察觉不到身后袭来的危险

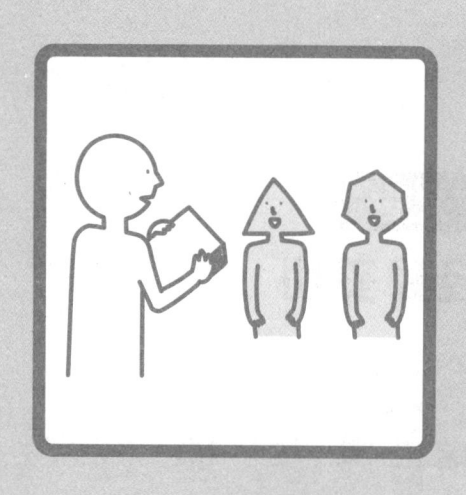

第2章

通过"高效可行的准备"提高成果

11

完美主义者
不轻易妥协

时效主义者
策略性妥协,追求最佳成果

如果你身处以下场景会如何判断,又会如何应对呢?

现在是 15 点,19 点要宴请客户。这次宴请关乎今后能否继续合作,所以非常关键。考虑到路程所用的时间,18 点就要从公司出发。

现在,你正在做领导安排的经营会议上要用的资料。今天 18 点是提交的最后限期。如果全部按计划推进,剩下 3 小时应该可以完成信息收集、制图、写材料和最终确认。

这时,客户突然打来投诉电话说商品没有送到,因此必须立刻联系工厂重新配送。这项工作需要花费 2 小时。

完美主义者要求任何事情都能完美进行,所以整个人都会陷入混乱。

而时效主义者会这样做。

首先,思考如何才能在 3 小时内完成原本需要 5 小时的工作。很明显，靠自己一个人的力量去完成所有的事是不可能的，所以决定借助他人的力量。

那么就向领导说明具体情况，借 2 名同事来完成经营会议的资料编制工作。接下来，用 1 小时完成资料的大纲，把信息收集和制作 PPT 的工作分配给其他 2 名同事。由小 A 负责收集信息，小 B 负责制作 PPT。2 个人同时进行的话，资料应该在 1 小时内就能完成。

在这个过程中，亲自应对商品配送问题，并最终确认资料，提交给领导。

如此一来，就能在 18 点从公司出发，招待客户。

这个示例中，最关键的就在于克制想要自己独自按照起初计划完成所有工作的冲动，懂得只有妥协才能让问题圆满解决。

▶ 策略性妥协是时效主义者的魅力

时效主义者为了在有限的时间内，最大限度地满足对方的诉求，才会有效利用时间、人力和身边的资源，才能策略性地舍弃一些东西，降低工作难度，灵活地调整起初的计划。

有了这种最佳化理念，改变计划就不再是妥协，而是一种策略。

完美主义者

当出现突发情况时……

↓

想要独自完成所有任务，结果哪个都草草了事

时效主义者

当出现突发情况时……

↓

懂得妥协让步，借助他人力量，灵活地应对突发情况

拜托你们了。

好的。 好的。

实践

① 根据突发状况，找出什么地方可以妥协让步。

② 思考如何才能在有限的时间内，最大限度地满足对方的诉求。

12

完美主义者
试图全面覆盖

时效主义者
专注于与成果直接相关的核心部分

想必大家在上中学时，都参加过期中、期末考试吧。那个时候，你的学习方法更接近于以下哪一种呢？

- 从头到尾按顺序学习考试范围内的所有内容。
- 集中精力学习考试中极有可能出现的考点。

追求完美的我曾是前者。

"因为不知道会出现哪些考题""一定要把所有内容都过一遍"，否则就会担心有所遗漏。出于对努力的惯性和对舍弃的恐惧，考试之前务必要全面学习考试范围内的所有知识。如果不全力以赴学习所有内容就无法安心。

但其实后者才是时效主义者的做法，懂得有的放矢，收放自如。既然目的是在考试中取得好成绩，那么就预测哪些知识最有可能出现在考题中，明确优先级，从而有重点地学习。

这只是以考试为例在讨论哪种学习方法更有效，对于中长期的学习成果，在此姑且不做讨论。但是，正所谓鱼和熊掌不可兼得，无论是人生还是职场，一旦想要把自己想做的事、应该做的事全部做好或者全部做完，最终只会两手皆空，很难在有限的时间内收获成果。

▶ 重点在于把注意力集中在影响力大的工作上

不知大家是否听说过二八定律（帕累托法则）。这个定律是说，80% 的结果都是由 20% 的原因造成的。根据我观察多个销售团队的经验，我认为"20% 的关键客户带来 80% 的利润"适用于多个行业。

但是，完美主义者却认为"20% 的关键客户和其他客户都很重要"，会以同样的人力、物力围绕所有客户开展销售活动。最终，只会忙于一些体量微小的订单。

而时效主义者，就会集中精力维系 20% 的关键客户。同时，把时间花在开拓那些有可能进入前 20% 的客户，在有限的时间里获取体量庞大的订单。

需要澄清的一点是，我并没有对 80% 的客户有任何的轻

完美主义者

全力以赴完成
每一项工作

面谈 10 家客户	
9:00～	10:00～
11:00～	12:00～
13:00～	14:00～
15:00～	16:00～
17:00～	18:00～

连吃午饭的时间都没有……看来今晚又要加班了……

视。我想强调的是，如果不能有重点地行动，就会丢掉大订单，无法拿出成果。专注于影响力大的工作，并不局限于营销，它与所有工作的高效化都息息相关。

时效主义者

准确把握并专注于支撑销售额和销售成绩的 20% 的关键客户

面谈 2 家客户

10:00～　　　14:00～

> 和每家客户直接会面前，各花 1 小时做准备工作吧。结束之后发一封感谢信，再忙忙其他工作，刚好到下班时间。

实践

1. 准确把握最关键的 20%。
2. 在做好思想准备的基础上对剩余部分做出某种程度的牺牲。

13

完美主义者
重视过程

时效主义者
重视目的

在我刚被分配到销售部，招待客户的经验还很匮乏的时候，前辈细心地教导我要有眼力见儿，告诉我看到客户的酒杯空了就立马添满，看到盘子空了就立马撤掉。

在我掌握了这一套招待"秘诀"后，在一次宴请上发生了这样一件事。

因为是宴请大客户的上级领导，所以部长也在场。

我依旧像往常那样，时刻关注着客户的酒杯是不是空了，频繁地询问客户"接下来您想喝点什么""您还要不要吃点什么"。

我以为自己很有眼力见儿，招待得很到位，可是没想到宴请结束后，被部长再次"请"到了酒桌上，受到了严厉的批评。

"你以为有眼力见儿就是业务招待吗？"

部长继续说道。

"招待的目的是让客户开心。你的过度关心,反倒会让对方感到不自在,还怎么开心?换作你是客户,你是什么心情?"

那一刻我才察觉到自己纠结于过程和手段,遗忘了让客户开心放松这一招待工作的本质目的。

▶ 过程主义会让你的目光变得短浅

像我这般迷失了本质的情形,或许形式有所不同,不知你是否有过类似的经历呢?

特别是完美主义者,大多都崇尚完美的过程,所以时不时回头看看是否符合原本的目的是非常关键的。

一旦追求完美的过程,就容易将按部就班视为最终目的。

除此之外,专注于过程,就会变得目光短浅,最终像我一样迷失了事物的本质。

时效主义者拥有以目的为中心的思维习惯,所以能够从目的出发,把注意力集中在达成目的所需要的工作上。

关于目的,能够准确地用语言表达清楚是很关键的。因此,建议大家养成多向自己提问的习惯,比如"此次客户最核心的诉求是什么""对方收到什么样的资料才会觉得开心"等。

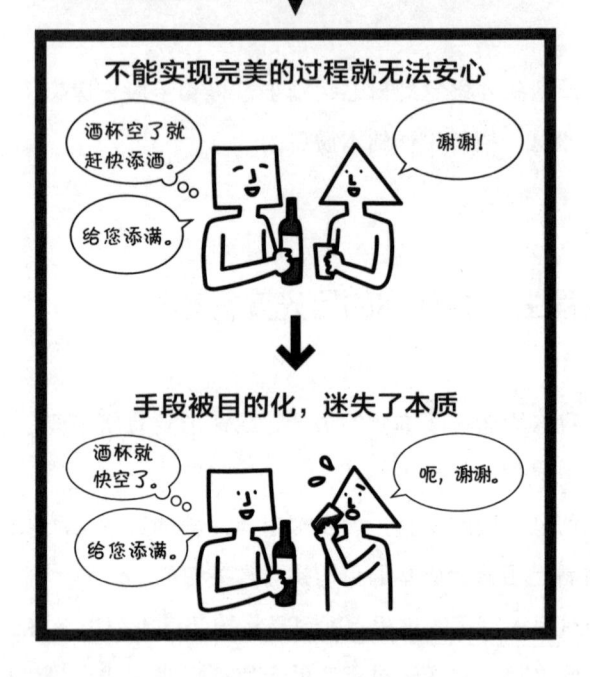

完美主义者

不能实现完美的过程就无法安心

酒杯空了就赶快添酒。

给您添满。

谢谢！

↓

手段被目的化，迷失了本质

酒杯就快空了。

给您添满。

呃，谢谢。

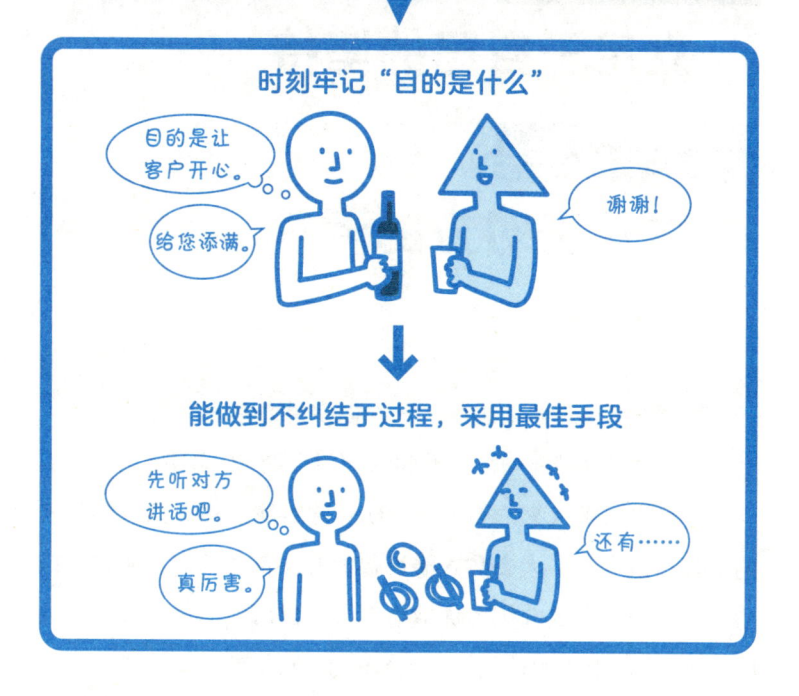

时效主义者

时刻牢记"目的是什么"

- 目的是让客户开心。
- 给您添满。
- 谢谢！

能做到不纠结于过程，采用最佳手段

- 先听对方讲话吧。
- 真厉害。
- 还有……

实践

❶ 思考目的、本质。
❷ 换位思考。

14

> **完美主义者**
>
> ## 立足于自己的坚持
>
> **时效主义者**
>
> ## 立足于对方的诉求

某家电机生产企业组织了一次以演讲为主的讲座。

参与者是即将参与"晋升科长演讲"的 20 名主任。

我事先要求大家准备一份 10 分钟的演讲稿。翻看参与者的稿件可以发现，大多数人演讲稿的开头都是"自己所在部门的介绍"或"自我介绍（优缺点）"，最后的结语大多是"我的不足""近半年的计划""给公司的建议"等。可以说，这些稿件根本就称不上为晋升科长所准备的演讲稿。

为什么会写出这种演讲稿呢？原因在于大家面对"如何展示自己""我想要传递什么样的信息"这一构成上有着各自的坚持。

这时，我提出了这样一个问题。

"坐在台下听演讲的人，他们的目的是什么？"

听到这个问题，大家都陷入了沉思，不一会儿就回答道：

"是为了评判谁能晋升为科长。"

正是如此,听众只想听到能够帮助他们判断应征者是否能够晋升为科长的信息和内容。

立足于这一点思考的话,就会想到完成目标的能力、解决问题的能力、管理下属的能力等必需的要素。

从对方的诉求出发重新思考后,参与晋升的主任的演讲稿一下子变得有质感了许多。

▶ 将自己的坚持放在一边

在这个演讲培训的例子中,如果参与晋升演讲的主任,依旧按照自己的坚持进行演讲的话,想必晋升的成功率会大幅下降吧。

这里的问题是纠结于自己的坚持,忽略了最关键的听众的诉求。而且,大多数情况下,一旦确定了演讲稿的结构,即便听到了周围人的建议,也会固执己见,很难做出调整。

正因为如此,所以要养成把自己的坚持放在一边,从对方诉求出发的思维习惯。

没有立足于对方诉求的工作,无论花费多长的时间,都与重点相背离,不会有成果。只有那些准确把握住对方诉求的人才能高效率地做出成绩。

完美主义者

既然要展示自己,那就把我的热情和想法传递给对方吧。

↓

一味地关注自己的坚持,终会背离对方的诉求

时效主义者

> 这次是决定晋升名额的演讲，那么就应该展示完成目标的能力和解决问题的能力。

↓

从对方的诉求确定演讲的结构，成功达到预期的效果

实践

① 思考对方的诉求是什么。
② 从需求出发逆向思考。

15

完美主义者
沿袭前人之法

时效主义者
在创新上下功夫

过去，一家注文住宅（购买土地后按照自己的喜好建造房屋）公司的销售员小 A 曾在我这里接受过个人咨询，下面介绍一件发生在他身上的事情吧。

小 A 是个非常认真负责的销售员。每天早上 7 点到公司，晚上经常专心工作到深夜。

小 A 的营销方法是与来到展览会场的客户进行对话，然后约定下次面谈时间。但是，眼看时间都快过去一年了，劳而无功，他的销售成绩非常不理想，他一度认为是自己的销售能力不足，慢慢没了自信。

就在这时，我给他布置了这样一个作业。

"采访公司里销售成绩前 3 名的同事。"

结果，销售成绩好的员工间的共通之处在于"通过介绍获取客户资源"。

据说其中一名金牌销售与房地产公司合作，拜托房地产公司的朋友给他介绍客户。单凭这个方法，他很轻松地就完成了年度销售目标。

顺便说一下，到访展览会场的客户的约成率是 2%，而从房地产公司介绍来的客户的约成率是 25%。

简单计算一下即可得知，在前者的营销方式下，50 人中只有 1 个人能最终达成协议，而后者的方式，4 个客户中就有 1 个人能签下合同。

能力的差异当然也是存在的，但是，本质上的区别在于，小 A 反复进行的是成功概率极低的谈判。

最后，小 A 也改变了自己的营销方式，逐渐开始通过介绍开发新客户，工作效率有了明显提升。

▶ 抛弃前人的惯性思维

完美主义者大多都像小 A 那样出于保险起见沿袭前人的思维惯性。

而刚才举例中提到的金牌销售，对接的并非没有建立任何信赖关系、没有明确购买意向的客户，而是那些已经和其他公司建立了一定的信赖关系，而且具有强烈的购买意向的客户，因此才会加强与房地产公司的合作。

完美主义者

采用惯常做法拼搏努力

像往常一样做，肯定不会出错。

↓ 沿袭前人之法

付出与收获不成正比

我明明已经很努力了……

　　示例中的金牌销售采用的并不是与大家完全相同的做法，而是能够真正做出成绩的独创性方法，从而提高工作的效率和成果。

时效主义者

时刻思考"有没有什么更好的办法呢？"

要想收获更大的成果……

打破常规

↓

采用独创的方法，取得压倒性的成果

成功啦！

实践

1. 从工作成绩优异的人那里取经。
2. 彻底改变做法，思考具有创造性的新方法。

16

完美主义者
试图克服弱点

时效主义者
擅长发挥优势

给大家讲讲里维斯博士创作的名为"动物学校"的童话故事吧。

在很久很久以前,为了应对"新世界"里的种种挑战,动物们策划了一项"壮举"——创办一所动物学校,它们制定了包括跑步、爬树、游泳和飞行在内的一系列课程,并且为了便于管理,规定所有动物都必须学习所有的课程。

鸭子的游泳技术顶呱呱,飞行成绩也相当不错,只有跑步最差,因此放学之后它总是被留下来练习跑步,还为此牺牲了学习游泳的时间。结果到最后,它的脚蹼严重磨损,游泳成绩也降到了一般水平。但是学校只关注平均成绩,所以除了鸭子自己,根本没有其他动物在意这件事。

兔子本来是班里的跑步冠军,但是在无数次的游泳补考之后患上了精神衰弱。

松鼠本来是一个爬树高手，可是飞行课上，老师却非要让它从地面飞到树上，而不是从树上跳到地面，高强度的练习害得松鼠腿部肌肉拉伤，结果爬树得了个 C，跑步得了个 D。

▶ 不执着于弥补短板

完美主义者会不自觉地把目光集中在负面部分，所以会非常介意自己的劣势。

以学习成绩为例，他们容易思考如何提高短板。的确，在要求某种程度上的平衡的社会生活中需要我们弥补短板、克服缺点。

但是，单单取得平衡，在提高成果上是有一定局限性的。

依据在于，时效主义者大多都擅长发挥自己的优势。

比如销售员，如果擅长与人沟通，为了维护好客户，就会创造与客户交流的机会。

行动力强的人，就会采取会见众多潜在客户的策略，以多行动为武器。

擅长筹划缜密策略的人，就会思考并贯彻以高约成率为目的的策略，避免做无用功。

可以看出只有基于个人优势，采取相应的工作方式的人，才能收获压倒性的成果。

一定要牢记，正确答案并不是唯一的。

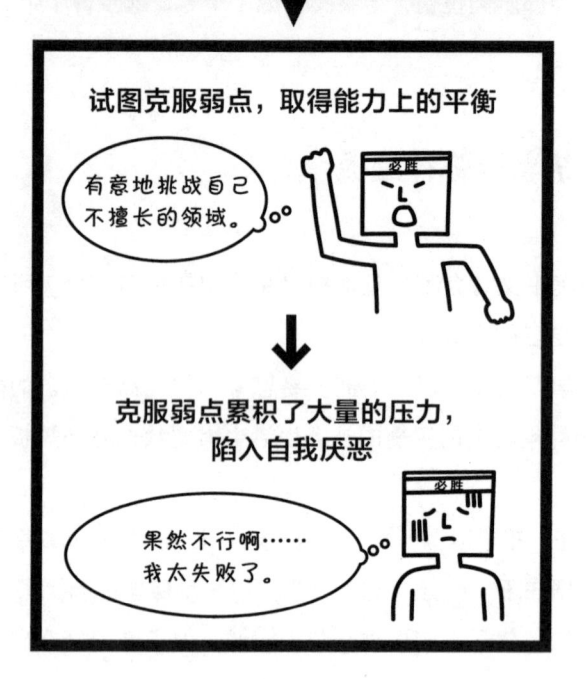

完美主义者

试图克服弱点，取得能力上的平衡

有意地挑战自己不擅长的领域。

↓

克服弱点累积了大量的压力，陷入自我厌恶

果然不行啊……我太失败了。

时效主义者

全面发挥优势

就用我最擅长的方法吧。

↓

这么快就完成啦!

灵活地利用自己的强项,愉快地收获成果

实践

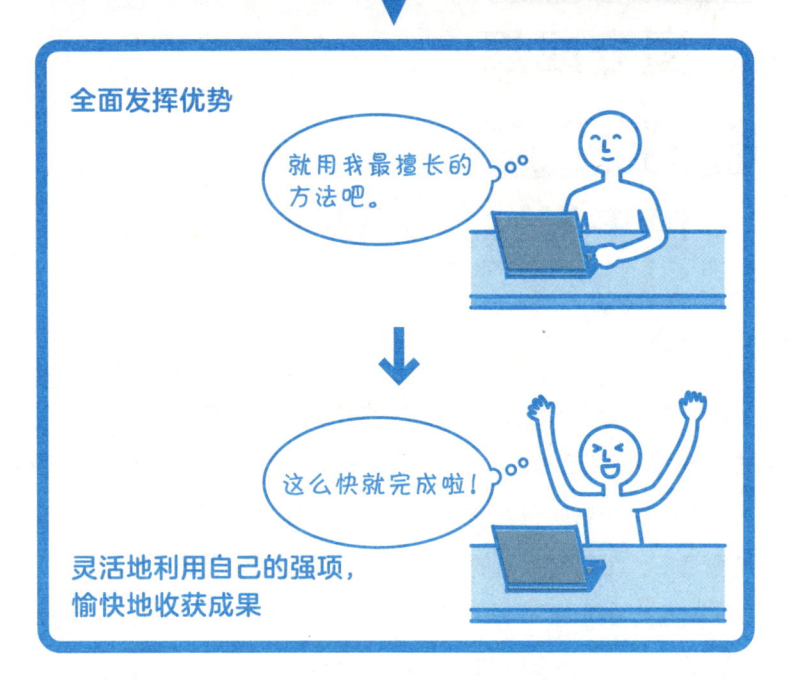

❶ 发现自己的优势、长处。

❷ 思考、制定能够发挥自己优势的成长攻略。

17

完美主义者
墨守成规

时效主义者
勇于尝试新方法

名为思爱普（SAP）的德国软件公司，是继微软和甲骨文之后的世界第三大软件公司。这家公司在全球共有7万名员工，其中有一名职员叫金田博之，连续7年成功入选TOP2%优秀员工。在和他对话的过程中，他讲到了这样一个故事。

在进入公司的第一年，从知名大学毕业的同事已经开始负责"明星业务"，而金田却还在负责小组运营管理业务。这个工作是和他所期望的工作内容相差了十万八千里的常规性日常作业。

但是，他却并未气馁，反倒决心在公司给他的平台上做出最好的成绩，于是他开始摸索沿袭下来的业务流程为什么是这些步骤？有没有其他更好的方式？

结果，在他的改善下，原本需要耗费一周时间的人工作业，缩短到了几分钟，成本得到了大幅削减。而且，这一改善还在其他业务流程中发挥了效用。

基于他的出色表现,入职第一年,公司就给他颁发了"社长奖"。

▶ 用新方法跳跃至变化领域

人往往都有害怕改变、喜欢维持现状的倾向。

所以,哪怕是一件小事,都会执着于熟悉的地点、人际关系、机制和做法。尤其是完美主义者,出于对失败的恐惧,他们回避改变的倾向会更加强烈。

因此,即便过往的做法已经陈旧,效率很低,周围人已经有所改变,开始采用新的方法,他们仍旧会坚持实践老方法。

先从管理日程的手账、记笔记的方法等细微处开始尝试着改变吧。当你习惯了这些细小的变化,对变化的恐惧和不安就会渐渐得到缓解。

不仅如此,有了新的方法,工作就会充满创造性,变得更加有趣。

如果此刻你的工作枯燥乏味,已经落入俗套,那么不妨尝试做出改变,用 40 分钟完成过去需要花 60 分钟才能完成的工作吧。即使是日常最简单的业务,在对新方法的尝试中或许就隐藏着获得压倒性胜利的可能性。

建议大家可以在平时就尝试着一点点去挑战新鲜事物。

完美主义者

出于对风险的恐惧，无法跳出当前的舒适区

现在这样就很好！

现状

↓

无法激发自己的潜能

时效主义者

接受变化，
积极地尝试新事物

试着挑战一下吧！

现状

能够打破过往
束缚自己的外壳，
有所成长

加油啊！

实践

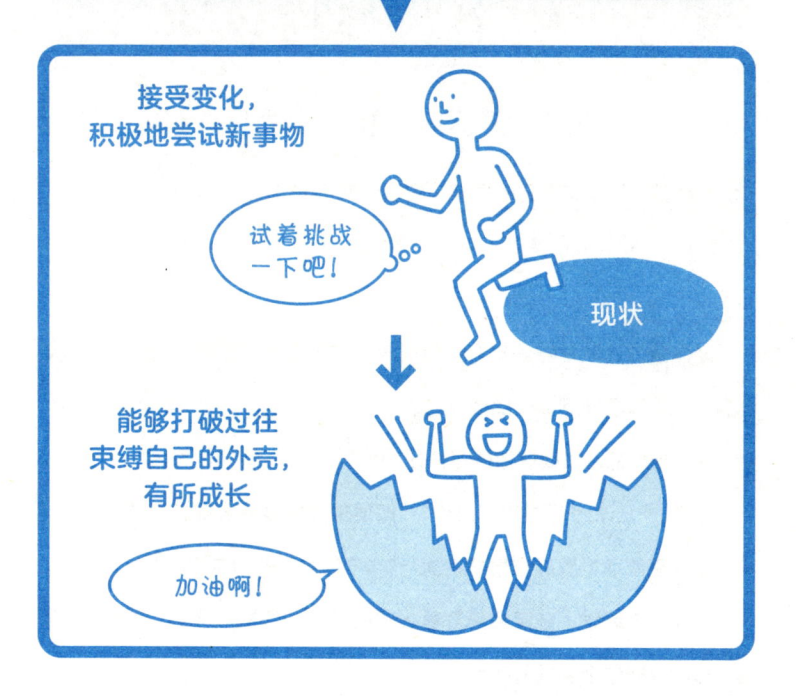

① 时刻研究新方法。

② 每天做出一个新的改善。

重点回顾

习惯

17

何为"舒适区"和"挑战区"

舒适区，指没有变化的世界，安心、安全的领域。

比如，"处理自己能力范围内确保能够完成的工作""重复和往常一样的行为模式""和知根知底的朋友交往"等。

这样做的确非常舒适安心，但长时间安于现状，在舒心的同时也会体会到乏味，以及缺乏成长的成就感。

与之相反的，挑战区指的是未知的世界。

比如，"从未经历过的新工作""即便最大限度地发挥自己的能力，也不知道是否能取得圆满结果的挑战""与不同圈子的朋友来往"等。

进入这个区域，必定会伴随着失败的风险、恐惧与不安。虽然并不舒适，却能收获这个领域所独有的成长。

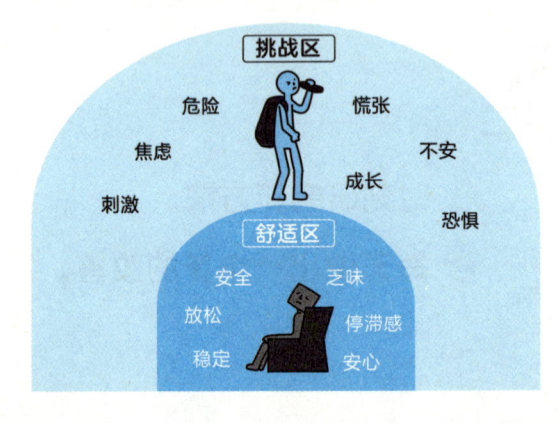

挑战区
危险　　慌张
焦虑　　　　不安
　　　成长
刺激　　　　恐惧
舒适区
安全　　乏味
放松　　　停滞感
稳定　　安心

第3章

不畏惧失败，敢于行动

18

完美主义者
遇事三思而后行

时效主义者
做事雷厉风行

有两个人找到我咨询,都说"周末想开始创业"。

其中名为小A的人,曾经就职于生产型企业的财务部,性格谨慎。

在确定好要创业的内容后,每一件事都要"等收集好信息之后""先学习成功典范之后"才会行动,遇事思前想后,非常慎重。

开通主页、创办电子杂志、办推介会等,创业进入正轨之前要做的事一个接着一个,结果完全没有任何有效进展。

另一位创业者小B,是汽车制造相关厂商的行政人员,做事雷厉风行,是个十足的行动派。

即使是面对没有经验的新事物,也会在试错中不断推进。

花一天时间就定下了主页的模板,然后立刻找开发公司下了订单。博客就先定下主题,虽然都是些内容琐碎的稿件,但也养成了每天记录的习惯。推介会也是早早就定下了举办时间和场地。

那么，一年以后会是什么样呢？

一年后，小A终于完成了主页的创作，博客也只开通了不足两个月，浏览量只有30次左右，而电子杂志连合适的名称都没想好，压根儿没有任何进展，推介会更是以"不擅长表达"为由一拖再拖。

而小B已经开始有收益了。

过去的一年里，他举行过5次推介会，虽然每次参加人数只有5人左右，但最终都成功签订了咨询顾问的合同。

除此之外，电子杂志和博客都已经形成习惯，电子杂志的浏览人数超过500人，最近还有一家杂志社主动提出要来采访，可以说媒体宣传的成果已经豁然展现在眼前。

▶ 完美主义者不擅长挑战

就像这个例子中展现的一样，追求完美的人大多对风险和失败非常敏感。

对一些流程固定的业务，要想毫无失误、完美地完成，忠实于过程的完美主义思维方式是极其有效的，但是，如果遇到的工作任务在某种程度上已经超出了自己的能力范围，有时就需要鼓起勇气，立刻行动。

完美主义者

只有在确保十分的安全之后才会有所行动

↓

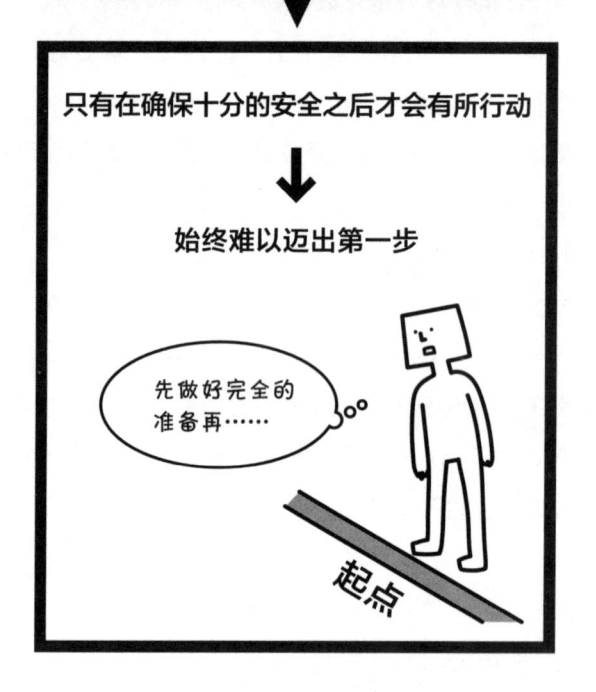

始终难以迈出第一步

先做好完全的准备再……

起点

只有鼓起勇气,立刻行动,才能在不断的试错中,开拓前进的道路。

时效主义者

相信车到山前必有路

↓

在反复试错中，逐渐开拓前进的道路

管他三七二十一，先动手再说！

起点

实践

① 首先下定决心，然后列出行动计划。

② 先尝试性地行动，然后再动真格的。

19

完美主义者
追求一次就达到完美状态

时效主义者
习惯先做草案

曾就职于多美玩具，入职第一年就策划出超火爆商品——"人生银行"存钱罐的远藤千咲，现在已经成为一名自由策划人。

2008年，远藤还曾荣获该年度《日经Woman》杂志评选的"Woman of the Year"大奖。

之前，我曾有幸采访远藤女士，听取了她策划出超火爆商品的秘诀。当时，得到的回答是，企划一开始要"做得粗糙"。

所谓的"粗糙的企划"，意思是说编写出企划的大致框架，有意地不去完善其中的细节，基于框架听取上司和同事的意见。

远藤女士说："我们公司有一个非常努力的新人，做企划的时候总是喜欢照顾到每一个细节，最后都不忍心修改、变更。与其这样,倒不如做得粗糙些,也给上司和同事留出提意见的余地,然后再一点点地完善。"

也就是说,做草案时不要追求过度完美。耗费大量时间的同时,还在无形中占用了修改和完善的时间。而且,如果能粗略地做一个大纲或者框架,对方也容易提出相应的修改意见。

▶ 论"试制品思维"的重要性

远藤女士的诀窍同样适用于其他工作。

比如,上司指派你写报告。完美主义者肯定会要求自己一定要传达很细节的信息,否则心里就不踏实,不知不觉中就会耗费很多时间,然后紧巴巴地赶在最后期限之前把报告交给领导。结果领导却说"这不是我想要的",最终不得不熬夜一口气大面积修改。

而时效主义者却能像刚才示例中的远藤女士那样,先做一个简单的草案,然后再不断完善。

在做草案的过程中,必不可少的是明确区分细节和框架,并有果断省去细节的勇气。话虽如此,可能大家还是会不自觉地将目光集中在细节上,但是只要传达清楚大致的框架就足够了。

这种在不断完善草案的过程中往前推进的思维方式,叫作"试制品思维"。

完美主义者

一开始就写得非常细

在最终期限之前提交，
被全盘否定后
不得不熬夜加班

这和我想的不太一样啊……

看来要重写了……

　　制造业中，在批量加工某一个产品前，一定会先加工一个试制品，确认是否存在方向性的失误。

　　如此一来，既能了解对方的期望，还能明确地把握什么时候该下功夫，什么时候能省则省。

时效主义者

先写一个简单的草案，然后和团队一起完善

事先已经沟通讨论过方向性的问题，推进起来很顺利

您看怎么样？

不错！OK！

实践

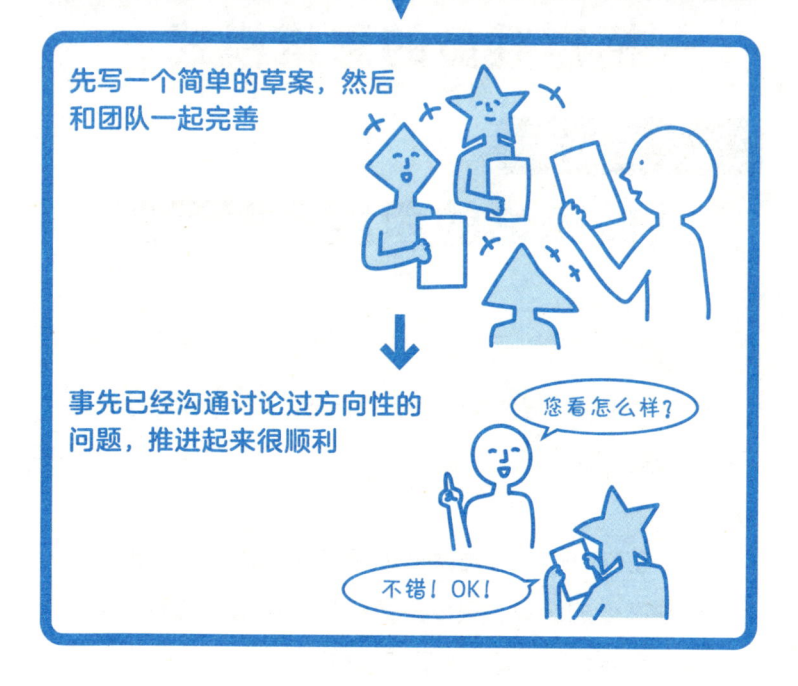

❶ 草案只需要保持 30% 的细节度即可。

❷ 掌握"试制品思维"。

20

完美主义者
一招定胜负的思维模式

时效主义者
从概率论的角度思考问题

胜间和代在其著作《什么是"成为名人"》中是这样定义"猜拳法则"的。

> 任何一种挑战都是概率问题。也就是说,即便是胜率低的游戏,只要反复进行无数次,总有一天战败率会有所下降,然后迎来胜利。
>
> 只不过,在迎来胜利之前,大多数人只能坚持50次或100次。但是,如果挑战失败也没有什么好失去的,那么就会持续参与游戏。
>
> 只要坚持下去,总有一天会取得胜利。我曾有过多次采访著名的艺术家和企业家的机会,但是,这些名人之间真正的共通之处正是这种"猜拳、猜拳、再猜拳"的精神。

当初，在准备出版这本书的时候，我曾给33家出版社投递了企划书。

结果，只有其中11家出版社的编辑回复了我，最后我还是选择了第一家与我见面的出版社。

曾经做过销售员的我，一直坚信从来没有一种方法能够100%保证成功，所以我选择从概率论的角度来思考，不断重复"猜拳"。

▶ 准备多种应对之法

完美主义者习惯于思考如何才能在某一种方式下尽可能地规避失败。却会因为对失败的恐惧，遗忘了"千方百计"的重要性。

时效主义者从不在某一件事上追求100%的完美，他们的思维模式是在接受失败的同时，会反复尝试各种方法，整体上顺利推进即可。

有的风险投资人，以投资风投企业赚取收益为生。他们从不相信投资某一家企业就能取得巨大的收益。

他们会选择同时投资多家公司。比如，假设投资了10家公司，即便其中有2家公司十分不景气，完全没有任何回报，但只要有2家有潜力的公司就足够了。这就是投资组合思维，也就是我们常说的"不要把所有的鸡蛋放在同一个篮子里"。

完美主义者

做准备工作时总期望凭借一种方式规避失败的风险

就靠这一张纸了！

↓

失败时受到的巨大精神打击,无法靠其他方法补救或挽回

失策失策……一切都结束了……

职场上,新项目能否顺利推进,服务是否满足客户需求,终归都只有实践、行动之后才能见真章。这个道理同样适用于处理新的工作任务。

所谓的试错,同样也是一个概率问题。

时效主义者

不期望一招制胜，选择用多种方法反复尝试

有 1 张能中奖就好了啊。

只要多次尝试中，有一次能成功，就能收获成果

太好了！中了 1 张！

实践

❶ 失败也无妨，要多次反复尝试。

❷ 接受失败，不断挑战。

21

> **完美主义者**
> ## 内心脆弱，容易受挫

> **时效主义者**
> ## 慢慢提升精确度

孙太藏（孙正义的弟弟）创立了GungHo（日本软银股份有限公司旗下的一家网络游戏公司），带领公司成功开发了大热游戏智龙迷城。

在成功开发智龙迷城之前，孙太藏蛰伏了数十年，但当时的故事却少有人了解。

事实上，GungHo是在行业内多家手机游戏开发公司渐渐退出市场的大环境下，始终没有放弃游戏开发事业，最终取得了成功。

孙太藏将其称为跨越"失望期"。

人们常常将努力与成果直接联系在一起，只有当你坚持不懈地去努力、不放弃，才会迎来收获的季节（翻盘点），在那之前都是"失望期"。

当你尝试挑战新事物时，只有在一次又一次的试错中，才能慢慢摸清其中的原理，让工作顺利进行。

所以，从某种程度上来说，工作上的进步与成果取决于你能否坚持度过漫长的"失望期"。

▶ 只需一点点完善即可

工作中，我们需要多次面对"进展不顺利""结果不理想"的状况。

面对每一天的工作成果，完美主义者的评价总是"完成了"或"没完成"，没有任何的灰色地带，如此一来，时常会为"没完成"而陷入持续的自我否定，结果往往不堪重负，半途而废。

尤其是要大幅改变自己的理念、技能，或是要改变工作方式的时候，在成果显现之前往往需要一段很长的黑暗期。即便眼下进展并不是很顺利，但只要继续坚持，不断学习，肯定会慢慢进步，有所前进。

试着想象一下，坚持 1 个月、3 个月、半年、1 年、3 年、5 年后会怎样呢？正所谓，不积跬步，无以至千里。再小的一步，只要不断坚持，积累的效果总会显现，收获也会越来越多。

让我们以长远的眼光看待事物，一小步一小步地坚持下去。

完美主义者

> 遇到"失望期",就会陷入自我否定,内心不堪重负,最终半途而废

　　周围那些取得成功的人,哪怕只是一毫米的进步,也会为之欣喜,会沉下心来直面收获前的"失望期",一门心思努力向前走。

　　只有这些人才会迎来"翻盘点",拉开与周围人的差距,成为别人仰望的对象。

时效主义者

即使是无法收获成果的"失望期"，
也会为一小步的前进而欣喜，静下心来不断努力

> 太好了！总算是有点进步了！要继续加油啊！

实践

1. 掌握"精益求精式思维"。
2. 在迎来"翻盘点"之前，坚持努力，决不放弃。

22

完美主义者
为自己无法掌控的事苦恼

时效主义者
专注于可控的事情

之前，我曾给一家公司的 20 名销售员提供过咨询服务。这家公司的产品规格单一，在市场上处于劣势。在这种严峻的形势下，公司给销售员下达的目标是将销售量在上一年同期的基础上提高 30% 以上，员工们怨声载道。

在和每一位销售员对话的过程中，我发现两极分化极为严重，有的人踌躇满志，有的人却消极怠工。

情绪消极的销售员虽然有想要努力拼搏的想法，却因为满腹的牢骚而毫无积极性。他们的注意力只集中在"产品本身有问题""公司的目标太不合理"上。

积极主动的群体则恰恰相反，他们会思考在这种大形势下自己应该做些什么，又能做到什么。当我向他们中的一个人询问有没有觉得不满时，他是这样回答的。

"不满，肯定是有的，但是其他公司应该也有同样的烦恼吧。比起愤愤不平，思考在这种环境下能为客户提供多少好的方案，思考如何能更好地宣传区别于其他公司的独特之处，要有意义得多吧。"

这就是思维习惯的区别。公司的经营方针和产品战略是一个公司底层的销售员无法左右的，所以如果将思维的焦点集中在这些自己无法把控的事物上，必然会产生不满的情绪，没有干劲。

当然，成果自然是积极主动、有所行动的销售员更胜一筹。

▶ 有效控制压力

先确认一下你的思考是可控的还是不可控的吧。时效主义者，可以将注意力集中在自己能做的事情上，不会去思考那些自己无法把控的事情。

完美主义者会因为难以预料的事态、别人如何行动等不确定因素而焦虑不安。但是，别人和外部环境是自己无法掌控的，更是无法改变的。话虽如此，也无法置之不理。关键在于，"做自己力所能及的事情"。

比如，事先厘清不确定因素，准备好替代方案。只有这样灵活地适应经济形势和公司方针等自己无法把控的事物，才能成为真正意义上的时效主义者。

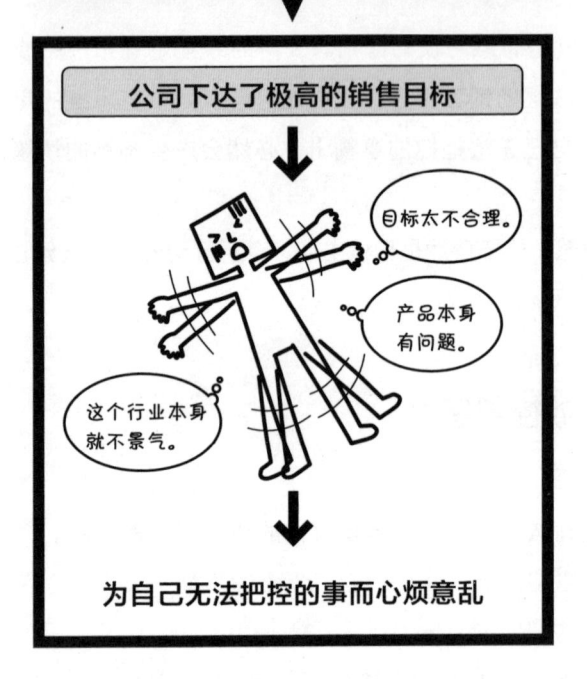

完美主义者

公司下达了极高的销售目标

↓

- 目标太不合理。
- 产品本身有问题。
- 这个行业本身就不景气。

↓

为自己无法把控的事而心烦意乱

时效主义者

公司下达了极高的销售目标

- 如何才能更好地宣传与其他公司的不同之处呢?
- 要完成目标需要做些什么呢?
- 在这种大环境下如何才能给客户提供更多、更好的提案呢?

专注于当下所处的环境中自己力所能及的事

实践

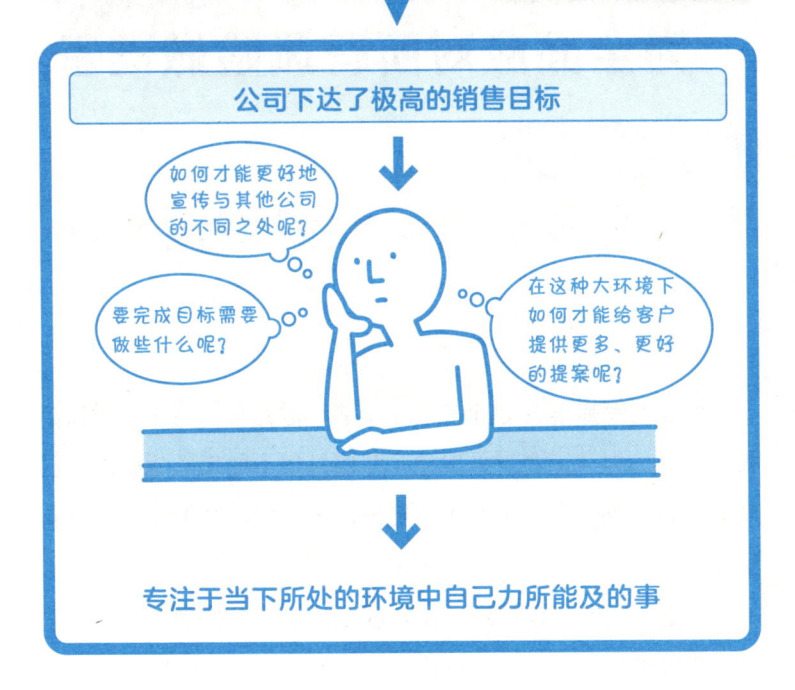

① 时常确认自己的思考方向。

② 不在分析原因上耗费过多的时间,思考自己力所能及的事。

23

完美主义者
为全面应对所有风险做准备

时效主义者
只为较大风险做好万全准备

系统工程师小 A 是个完美主义者，总是焦心劳思。对风险极为敏感，为了避免意外发生，即便是很小的风险也要求自己做好准备工作，总是习惯于反复确认项目组成员的工作有没有纰漏。

但是，频繁深夜加班后，太过疲劳，在审核确认时错过了极为重要的项目，结果新系统运行第一天就问题不断。

陷入自责的小 A 为了挽回过失，做出了很多努力，但最终由于精神压力过大不得不停职。

而时效主义者小 B 同时负责多个大项目，却因开发的系统几乎零失误而闻名，时常在办公室里悠闲地走来走去，看起来游刃有余。

观察一下他的工作方式就能发现，他会以容易引起重大问题的隐患为重点进行确认，也会积极听取公司其他前辈的意见。在开发系统时，为了避免组员出现失误，还会制作确认表发给他们，由此来减少人为失误。

如此一来，通过集中应对有较大风险的部分，就能够防患于未然。

▶"打地鼠式思维"只会让人疲劳不堪

如果一味地将目光集中在小风险上，势必会形成盲点，导致在较大风险的应对上出现纰漏。

我将这种意图彻底打消对小风险的疑虑和不安的理念称为"打地鼠式思维"。

倘若以"打地鼠式思维"应对风险，就会导致视野狭窄，内心负担不断加重，精神疲惫不堪。

比如，写资料时太过纠结于对错字、漏字的确认，极有可能会无法察觉遗漏了关键信息。

完美主义者在面对可能失败的风险和恐惧时，总会以"打地鼠式思维"敏感于小问题的应对。

而时效主义者则会优先从重要度高的风险开始应对，将较大的隐患扼杀在摇篮中。

在此基础上，如果能做好充分的准备工作，应对风险，就可以将恐惧抑制在最小限度，从而鼓起勇气对新事物发起挑战。

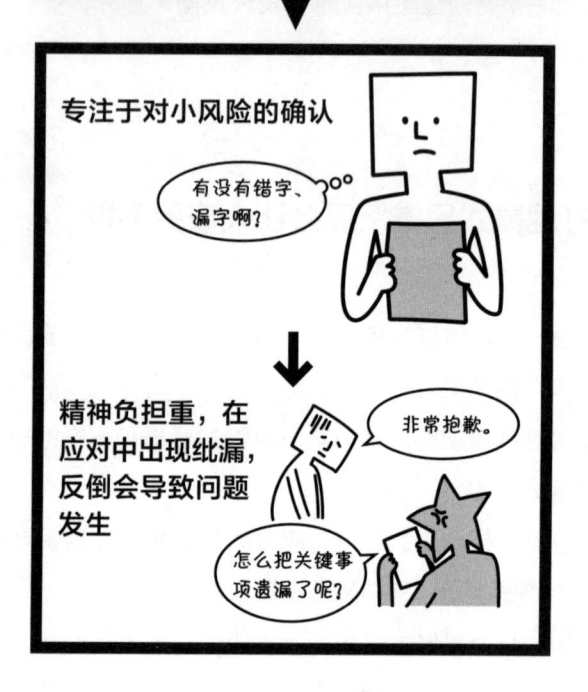

完美主义者

专注于对小风险的确认

有没有错字、漏字啊?

↓

精神负担重,在应对中出现纰漏,反倒会导致问题发生

非常抱歉。

怎么把关键事项遗漏了呢?

时效主义者

集中应对较大隐患

关键事项应该都考虑进去了吧?

↓

以最少的时间和精力,做到防患于未然

请您过目。

虽然有几个错字,不过整体还可以,就这样吧。

实践

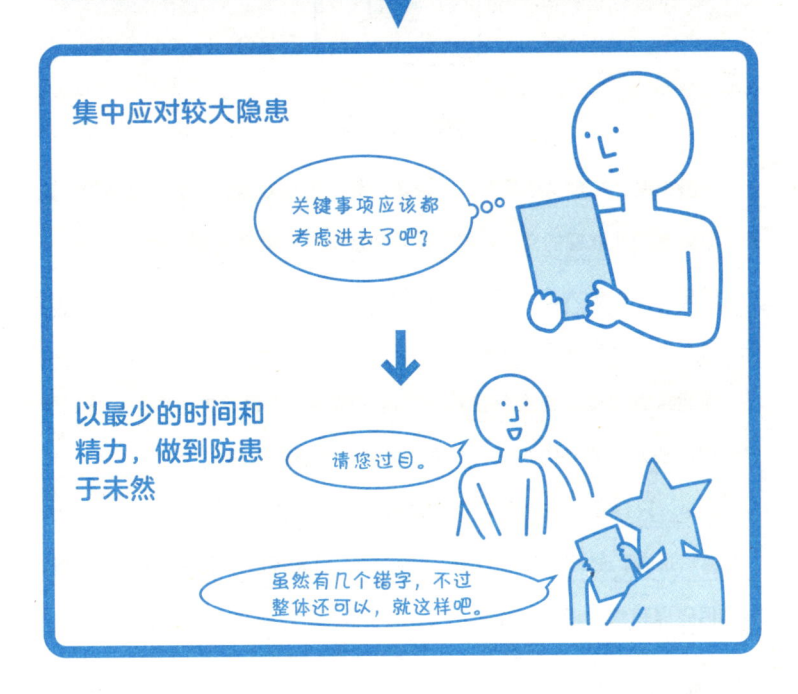

❶ 事先预测最糟糕的情况。

❷ 建立机制和工具,避免"打地鼠式思维"。

重点回顾

习惯

21

成果曲线

一般来说，在预测结果时，大家普遍会认为只要努力，成果立马就会显现，以图表形式展现的话，就是下图中直线型上升的 A 曲线。

但是，成果庞大的工作，在取得一定的成果之前，都会像下图中的 B 曲线那样，二次曲线式的上升。

预期结果和实际结果存在差异的这段时间，正是"失望期"。这是要想实现成长必须忍受的阶段，无法立马看到回报的阶段。

但是，只有在忍耐中度过这段时间，才能迎来"翻盘点"。

也就是说，最终能收获什么样的成果，很大程度上取决于是否能以长远的目光保持精益求精的思维方式。

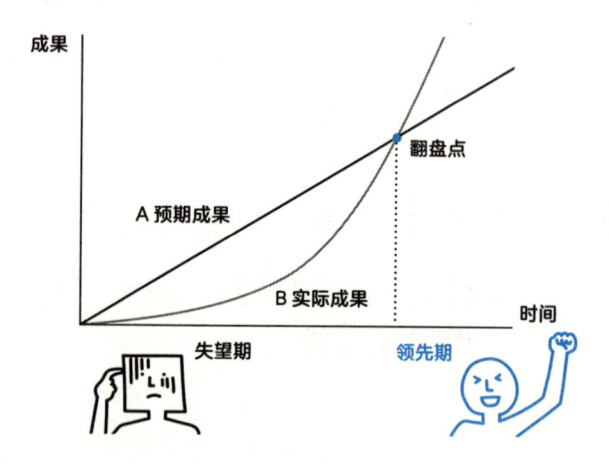

成果

翻盘点

A 预期成果

B 实际成果

时间

失望期　　　领先期

第4章

创造"精神上"的富裕

24

完美主义者
缺乏充足的时间

时效主义者
创造充裕的时间

小 A 是一位上市公司的董事长，他是如何度过晚上的时间的呢？

他提到自己每天睡眠时间大约 6 小时，一般在 0 点入睡，早上 6 点起床。

晚上有时间的话，他还会看 1 小时的国外电视剧，比如《超感警察》和《24 小时》，在非日常的消遣中排解工作中的压力。

的确，对于每天会因各种课题和问题而感受到巨大压力的管理者来说，这或许是一个短时间内放空大脑的好习惯吧。

除此之外，他还表示自己的爱好是看小说，尤其是警察小说，他还清晰地记得《被称作海贼的男人》发售不久，就收获了读者的广泛好评，所以即使每天再忙碌，他都会抽出时间来看小说。

这些可以游刃有余地消遣的时间，并非自动产生，而是主动创造出来的吧。若非如此，想必神经就会变得迟钝，导致在面对重要问题时，无法果断地做出准确判断吧。

▶ 时间充裕即可提高效率

对比小A肩负的工作量，再看看口口声声说时间不够用的自己，多少有些相形见绌吧。

事实上，完美主义者的确总是被时间追赶着，时常处于手忙脚乱的状态。因为在他们看来，要想做到游刃有余，必须在那之前做完自己该做的事情。或许，说他们是被时间驱赶着的人可能更准确一些吧。

而时效主义者却能够像小A那样创造出充裕的时间，这同时也是精神上的从容。我所见过的优秀的商务人士，大多也都擅长在忙碌的日常中创造出充裕的时间。时间上的充裕，会转化为精神上的从容，从而实现临危不乱，面对任何情况都能冷静地做出判断。

即使每一天都很忙碌，也请一定要创造出充裕的时间，哪怕是"看看搞笑综艺""舒舒服服地泡个澡，读读喜欢的小说"也可以，这些惬意的时间会成为客观地回顾自己以及自己身处环境的重要契机。

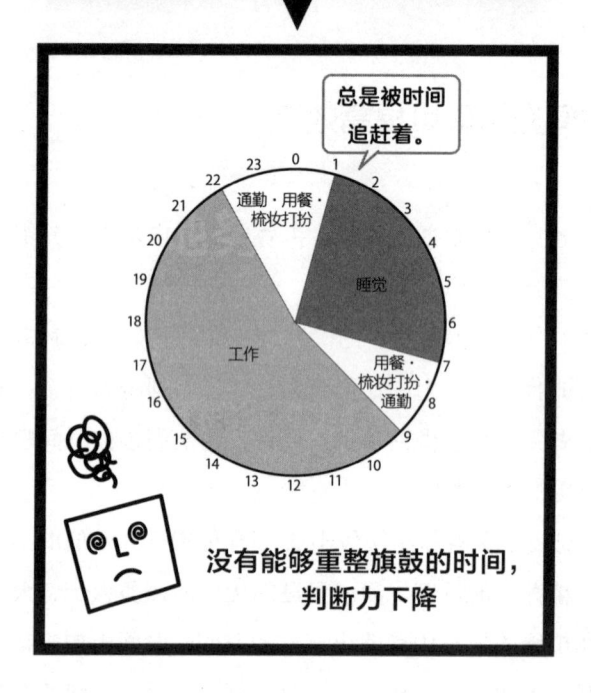

完美主义者

总是被时间追赶着。

通勤·用餐·梳妆打扮

睡觉

工作

用餐·梳妆打扮·通勤

没有能够重整旗鼓的时间，判断力下降

时效主义者

主动创造出充裕的时间。

- 睡觉
- 用餐·梳妆打扮·通勤
- 工作
- 通勤·用餐·梳妆打扮
- 放松时间

创造出时间和精神上的"富裕"，保持冷静客观的判断力

实践

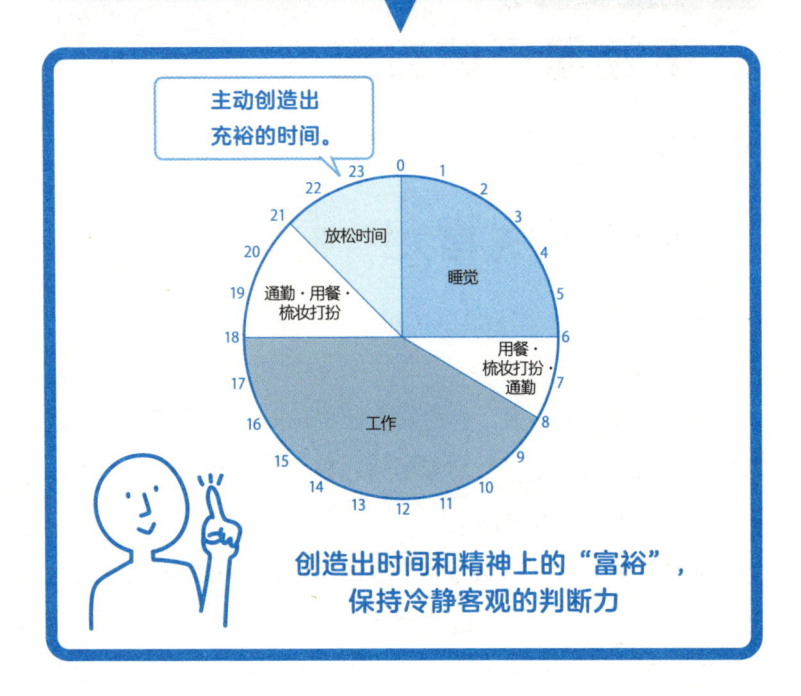

① 创造时间上的从容。
② 创造精神上的富足。

25

完美主义者
不轻易原谅自己

时效主义者
懂得自我肯定

总是追求完美的人，哪怕被上司指出一点小问题，都会以为自己是被全盘否定了，然后给自己贴上"失败者"的标签，从而陷入深深的自我厌恶。

而时效主义者并不会过度自责，"这个问题我可就无能为力了……""这种情况也是情有可原的……""做法上有问题啊，下次换个方法试试吧"。这绝不是放任自己，而是在适当的范围内反省和改进。

根据我这么多年从事习惯化咨询顾问的经验来看，总是半途而废的大多是过度追求完美的人，他们总是倾向于过度否定自我。

比如，下定决心"早点起床，慢跑一小时"。但是，3 天后却因为前一晚的酒局，没能早起，到了第 4 天又因为下雨，计划落空。面对这种情况，完美主义者就会因为连续 2 天没能落实计划而陷入自我厌恶,不断自责:"我果然是个没有常性的人啊。"之所以不想继续坚持下去,是因为每一天都要持续面对失败的自己,这对他们来说是一件无比痛苦的事。

而时效主义者却会选择退而求其次,为一些小行为的坚持而肯定自己,比如"昨天喝酒喝到很晚,早上起不来,没跑步,那最起码在电车上就站着吧",再或者如果遇到下雨天,便想着"回家时爬爬楼梯就当作运动了吧"。

如此一来,便能灵活地继续坚持下去。

▶ 接受自己的不完美

过于努力的人,时常会对自己严词厉色。

据说,人类每一天会在内心与自己对话 3 万多次。

"这也太糟糕了!"

"就不能再努力一点嘛!"

"真的尽力了吗?"

完美主义者习惯于通过这种自我否定来激发拼搏努力的斗志。

但是,客观地从字面上来看,不过是在用严厉的词语批评自己而已。其根源在于因各种各样的自我否定而自责。

比如,"我是不完美的,所以必须更加努力才行。"

"要付出超乎常人的努力,才能收获与他人相当的成果。"

完美主义者

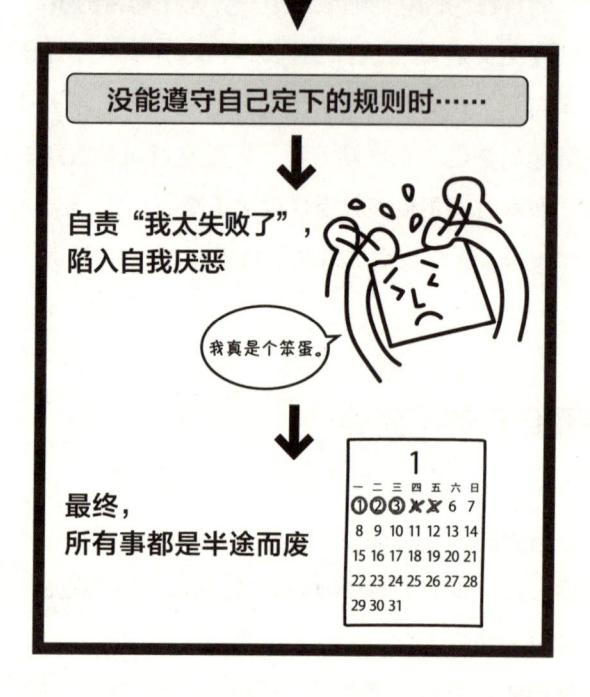

> 没能遵守自己定下的规则时……
>
> ↓
>
> 自责"我太失败了",陷入自我厌恶
>
> 我真是个笨蛋。
>
> ↓
>
> 最终,所有事都是半途而废

但是,所谓的完美不过是一种幻想而已。人本身就是不完美的。只有在接受自己的不完美时,才能完全接纳真正的自己。

时效主义者

没能遵守自己定下的规则时……

↓

心想"这就没办法了，要不换个方法试试吧"，从不过度自责

"没事，这种情况也是有可能的。"

↓

可以柔性调整，从而坚持到底

实践

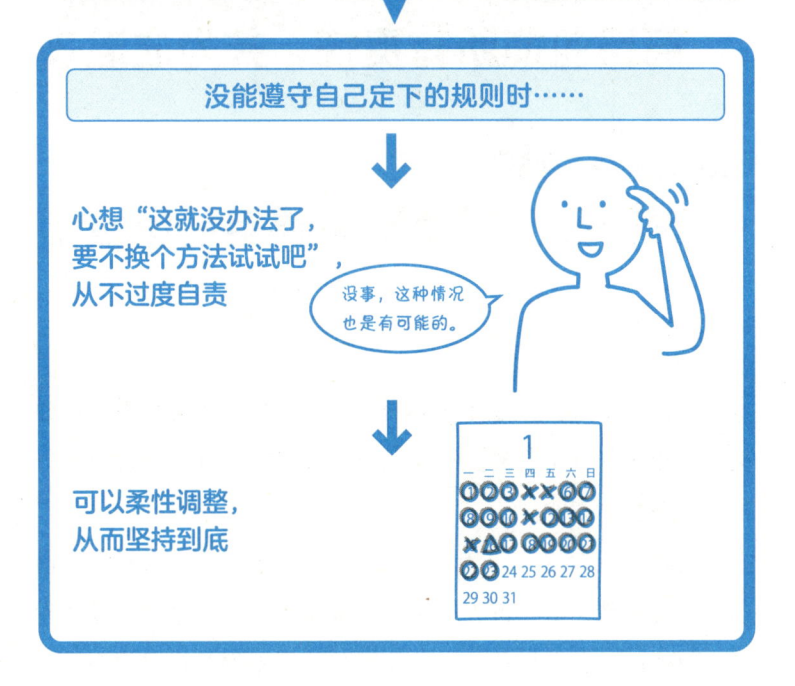

① 降低行动难度，给自己小小的肯定。

② 学会接受自己的任何一面。

26

完美主义者
盲目包揽所有责任，并为之沮丧

时效主义者
深知任何事都不需要自己负全责

系统工程师小 A 是个极其努力的人。作为项目负责人，他花了半年时间好不容易完成了系统构建，没想到一运行起来，各种问题层出不穷。

在那之后的三个月里，小 A 认为系统运行故障频发，自己需要负全责，于是每天熬夜处理异常。但是，故障还没处理好，他就已经身心俱疲，患上精神障碍，不得不暂时停职。可以看出，小 A 是因为觉得给客户和公司带来了巨大的损失而深深自责，最终才精神崩溃的。

另外一边，同一个部门的小 B 也在同一时期遇到了系统故障。

信息系统往往会伴随大量的故障。所以，小 B 根据以往经验及时准确地做出了预判。不仅如此，他深知"问题已经发生了，只有专心消除故障了"，能够清晰地划分每一个问题，一个月后便实现了系统的稳定运行。整个过程中，小B的脸上从未出现过一丝疲惫，早已把精力转向剩余的三个项目了。

他们二人的区别是什么呢？

▶ 不对责任大包大揽，才能获得内心的安定

小A虽然看上去责任心强，做事积极主动，但是每次发生系统故障就会将责任全揽在自己身上的思维模式绝不是正确的。原因在于，将责任大包大揽，会让精神受到巨大打击，每天都吃不好睡不好，从而丧失解决问题的专注力，最终导致同样的问题再次发生。

而且，还会造成对手上的其他项目疏于确认，在其他项目上也埋下风险隐患。

与之相对的，小B并没有遭受那么大的精神打击，原因就在于他不会盲目地扩大自己的责任范围。

系统出现故障，需要负责任的绝不是系统工程师领队一人。可能是在现场进行编程作业的系统工程师的失误，但部门负责人肯定也有一定的责任。除此之外，销售和设备厂家可能也存在一定的过失。

作为领队，的确应该在组织系统构建工作时及时做出预判，但即便如此，也不需要将所有的责任都归咎于自己身上。

完美主义者

一旦出现问题，
就会独自揽下所有责任

全责

好沉重……

时效主义者

能够客观地划分责任范围

每个人都有相应的责任。

实践

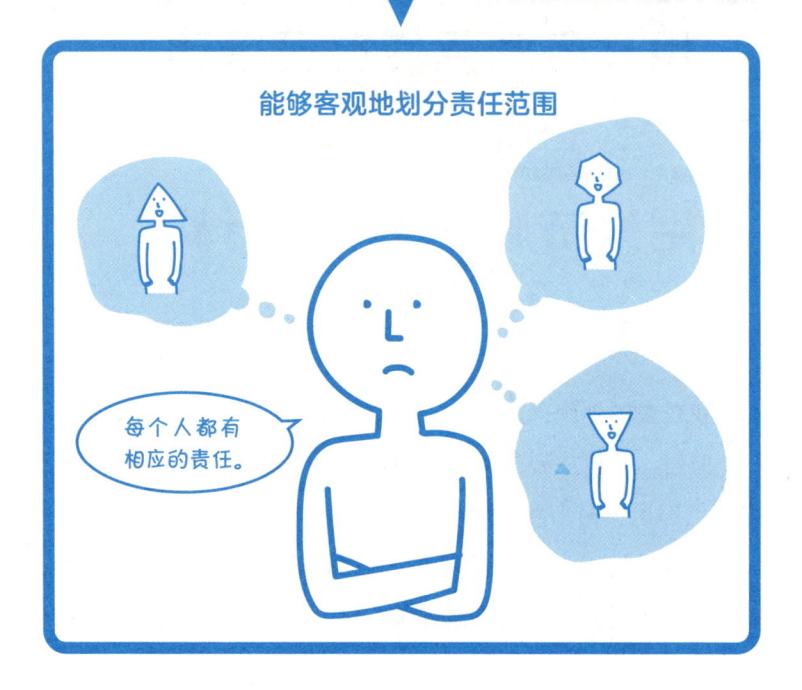

❶ 细分责任范围,绝不独自承担所有责任。

❷ 有时间感伤,倒不如思考自己能做些什么。

27

完美主义者
用义务感驱使自己行动

时效主义者
用兴奋感驱使自己行动

我在去国外旅行之前，一定会做好计划。

但是，一旦决心按照计划旅行的话，就必须把计划中的所有地点都走一遍，否则就不会心安。

原本是为了开心、放松才会去国外旅行，但是无法灵活地调整自己的计划，即使美景在前，仍为必须出发去下一个地方而焦虑不已……

虽然有些本末倒置，却仍旧无法跳出基于义务而行动的思维陷阱。

如果是因义务感而行动，那么原本应该开心愉快的活动可能都会变成一种痛苦，还会白白消耗很多能量。想必你应该也有过类似的经历吧。

时效主义者会以"旅行是为了寻找快乐和刺激"为主体制订计划，而且计划也不会定得太过死板，如果在当地遇到了美丽的风景，就停下来享受当下的美好，比如找到了一家氛围还不错的茶馆，就坐下来品品茶，悠然自得地度过一小时。

诸如此类，时效主义者会基于旅游最原始的目的——放松心情和体验非日常的生活，灵活调整旅行计划，收获其中的快乐。

▶ 要有兴奋感，而不是义务感

崇尚最佳过程的完美主义者，一旦下定决心，就会将行动内容变成一种"义务"，无法灵活地调整、改变，最终被自己的决定所束缚，只能在义务感的驱使下行动。

即便是自己中意和擅长的工作，也会将其变成一种义务——"应该在什么时候优化过程，确保严守截止日期"，步步紧逼自己、为难自己。这种情况下，何谈精神上的从容？话虽如此，我自己也存在同样的问题，明明是自己喜欢的工作，却被"义务感"束缚，失掉了淡定。

而时效主义者却能将"愉快"的心情灵活地转化为积极性，由此来推进工作。这样一来，既不用承担过大的压力，还能高度集中注意力，有效提高工作效率。

这就是以义务感为原动力和以兴奋感为原动力的差异。

要想享受过程，就得先把不安放在一边，专注于眼前的工作。如果用计时器限定时间，就会遗忘掉其他多余的事情，埋头于当下的工作。

完美主义者

即使是自己喜欢做的事，也会把所有的过程转化为义务

这些都是必须要做的！

↓

被义务感所束缚，整个人疲惫不堪

时效主义者

可以愉快地工作

真有趣！

没有精神负担，饱含热情地工作

实践

❶ 每一天都安排些有趣的工作。

❷ 定好计时器，帮助自己从压力中释放出来。

28

完美主义者
评判标准只有满分或零分

时效主义者
柔性思维，接受灰色区域的存在

一家中小企业的社长来找我咨询如何才能坚持早起时，有过这样一个小插曲。对话过程中，社长主动立下誓言，"过去我一直都是11点才到公司，从下周开始，我要每天早上8点就去上班。"

一周后，我问道："坚持得怎么样啊？"

他回答道："唉，根本就没坚持下来，真的太难为情了。"听到这儿，我又反问他，"周一到周五全都11点才到公司的吗？"

结果他却说："那倒不是，只有一天8点准时上班了，剩下的4天又打回原形，11点才赶到公司。"言语中满满的自我厌恶。紧接着我又询问了为什么只有一天早起。他回答说："前一天晚上早睡了一小时，也没有喝太多酒。"我又询问了那一天早早上班体会到了哪些好处。结果，社长说："看到了员工参加早会的身影，同时还能够了解公司的整体情况和员工的个人状况，感觉很不错。"

"那么，下周先保证有 2 天能够在 8 点准时上班，如何？"我提出了这样一个建议。

"嗯？只要 2 天就可以了吗？"

就这样，我们在愉快的氛围中结束了对话。

结果，没想到这次他竟然从周一到周五每天都按时在 8 点到达了公司。

▶ 将自己从"非黑即白"的思维模式中解放出来

这个案例中的问题在于，社长在思考"能否一周五天都准时在 8 点上班"时，脑海中只有能或者不能这两种选项，尽管已经有一天完成了目标，出现了正面积极的改变，却仍然给自己打了个"零分"，并不断自责。

崇尚完美的人当中，尤其是那些具有很强的"二分法思维"倾向的人，他们的衡量标准只有"满分"或"零分"。认知心理学的领域，将其称为非黑即白认知。

非黑即白认知的特征就在于，判断的极端性，即不是白就是黑。

完美主义者认为，如果不能做到完美，就没有任何意义。这种认识有时会转化为一种正向的积极性，但同时也会给自己太多压力，太过逼迫自己。

完美主义者

> 判断结果的标准只有"成功"或"失败"

"不是满分所以失败了。"

70分

> "失败"时承受巨大的心理负担，丧失挑战精神

"要是还失败的话就放弃吧。"

当大量的工作如潮水般袭来时，需要摸索着推进新的工作时，非黑即白认知就会给人造成巨大的精神压力。

除此之外，非黑即白认知的缺点还在于，因为不会认可取得小成果、获得小进步的自己，所以最终会陷入自我厌恶，丧失挑战精神。

在长期工作的过程中，能够找到自己的小进步，积极地认可自己，是非常重要的。

时效主义者

认可灰色地带的存在，会为一些小小的进步而欣喜

太好了，比上次有进步！

70分

↓

保持柔性思维，能够积极地应对挑战

再接再厉吧！

70分

实践

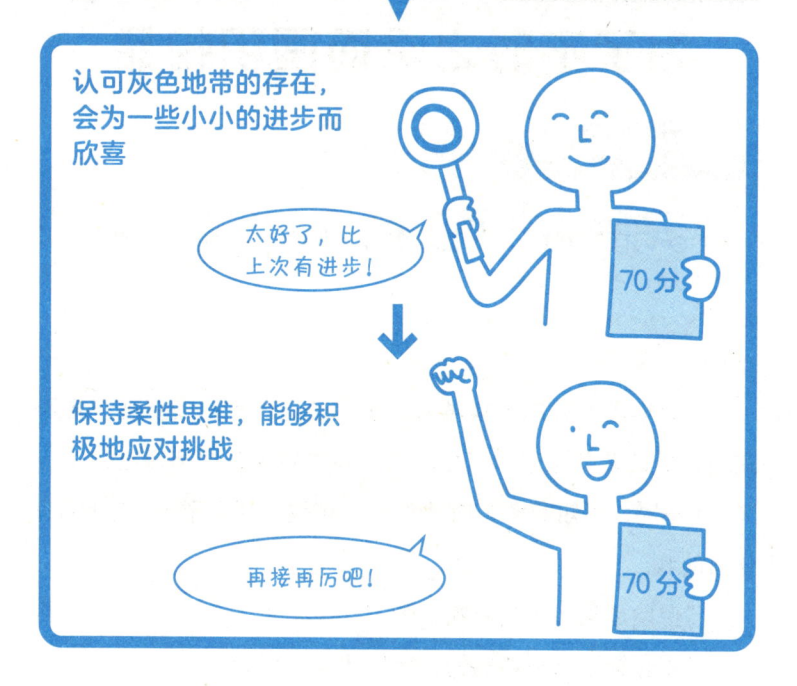

① 量化满意度，找出灰色地带。

② 哪怕是很小的收获，也要为自己的成长而欣喜。

29

完美主义者
为了不时之需而囤积物品

时效主义者
多余的东西就主动"断舍离"

办公桌上摆放的资料越来越多，抽屉里也已经塞满了各种东西。身处杂乱无章的工作环境，要想找个东西都很吃力，一天 24 小时，不知有多少时间都浪费在找东西上了——这是 10 年前的我。

"保险起见，还是先收着吧。"

"不想扔了之后再后悔，所以还是先留着。"

就是在这种心理的驱使下，囤积下来的东西越来越多。

而科长的桌面上几乎不放什么东西，总是能够保持干净整洁。

询问科长整理整顿的心得，他回答道：

"有需要的话，问你们就行了啊。"

"把信息都记在脑子里，忘记的话再从网上找不就行了嘛。"

"有用的东西我都有及时存档的。"

可以看出，每次的"断舍离"都很果断且明确。

▶ "断舍离"是成为时效主义者的重要练习

"断舍离",是指把那些不需要的东西统统断绝、舍弃,并切断对它们的眷恋。工作能力强的人,大多都是"断舍离"的达人。

首先,要想做到"断舍离",选取必需物品的判断力是极为关键的。其次,如果没有舍弃的勇气和习惯,就会将工作的细枝末节全部揽在怀中,一点点掠夺着精神和空间上的从容。

完美主义者总是会出于以备不时之需的想法囤积物品,取舍的标准模糊不清。

实物的"断舍离"与工作中的取舍是有共通之处的,让我们通过对物品的舍弃、断绝,收拾心情,始终保持身心畅通的状态吧。

先对办公桌周围进行整理整顿,创造空间上的从容。

为了拥有舍弃的强制力,选择一天作为每周的"舍弃日"吧。倘若想到"以防万一……",那就问问自己,"万一,指的究竟是什么情况""这种万一的发生频次有多高""如果扔掉这个会有什么问题"。如此一来,慢慢地就掌握了"断舍离"这一技能。

"断舍离",其实也是一种思维习惯。争取每次旅行时的行囊都比上次小一圈,这也是让自己成为时效主义者的训练项目之一。

完美主义者

总是想着以备不时之需囤积物品,办公桌上乱七八糟

要白白浪费很多时间才能找到要用的东西,慢慢失掉了从容

电话去哪儿了……

时效主义者

及时做出"断舍离"的选择，从不囤积无用之物，办公桌上总是干净整洁

↓

创造出精神和空间上的从容

喂！您好。

实践

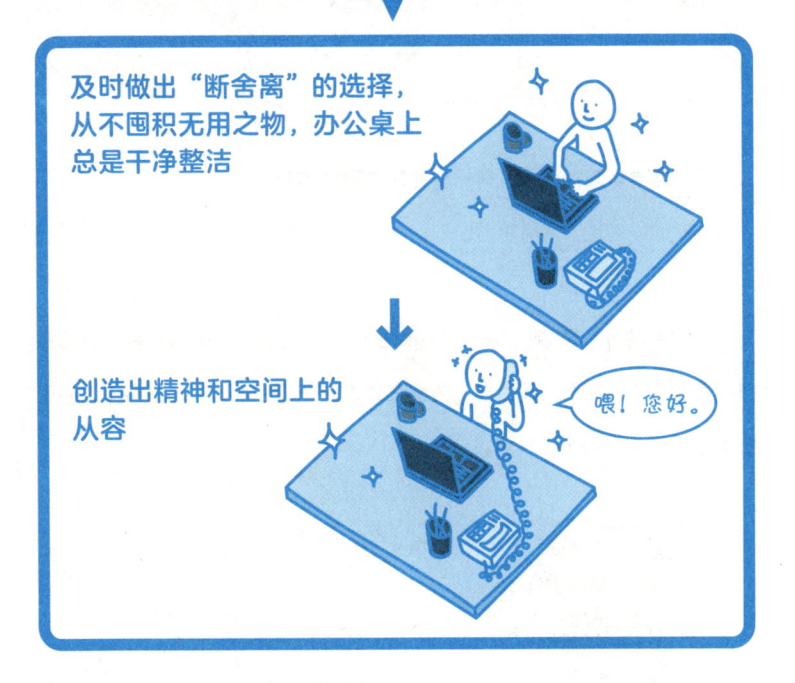

1. 确定每周一次的"舍弃日"。
2. 想办法让行李越来越少。

重点回顾

习惯 26

学会用饼图法分散责任

在心理学认知疗法中,有一种名叫饼图法的疗法。

所谓的饼图法,是指梳理出责任和不安的所有要素,将其比例标注在饼图上。

举例来说,习惯26(第118~119页)中出现的"认为所有责任都在自己身上的小A"和"认为自己的责任只占一部分的小B",他们两人的责任理念份额大致如下图所示。

小A的责任理念份额:全部责任 / 自己的能力不足

小B的责任理念份额(每个人都有各自的责任):
- 自己的计划管理不到位
- 下属编程失误
- 网络设备故障
- 上司管理不到位
- 自己作业管理能力不足
- 自己设计技能不足
- 自己防范风险意识不强

重点回顾

习惯 26

如果经历失败,感觉自己遭受了巨大的精神打击,那么就可以尝试着利用饼图法对责任进行分散。

绘制饼图时,先标注清楚他人的责任,然后再填写自己的责任,填写自己责任的时候可以划分得细致一些。

第5章

巧妙利用
"他人的力量"

30

完美主义者
苛责他人的失败

时效主义者
对他人的失败宽容以待

某一家金融机构，有这样两名部长。

A 部长是个理想主义者，而且还非常严厉，在全公司以严厉而闻名。

"一着不慎，全盘皆输！要学会举一反三！"

"粗心大意总会造成各种失误。"

"为什么就不能再努力一点呢？"

诸如此类，A 部长总是为下属的失误和不够努力而恼火。

而下属则是带着对 A 部长的恐惧和紧张感在工作，由恐惧变为掩盖失误，渐渐失去了担当意识。

A 部长时常感叹："我手底下的人总是不会主动干活儿，很少会主动提出一些建设性的意见。"

但是，站在下属的角度来看，一想到挑战失败就会受到斥责，必然会在承担风险的主动行动时有所犹豫。

在 A 部长的指导下，可能只会培养出言听计从的下属，并不会培养出积极主动、具有挑战精神的员工，长此以往，A 部长只能继续大发雷霆。

而另一位 B 部长，是一位以善于培养人才而闻名的领导，他会区分清楚哪些失误该批评、哪些失误可以容忍。

如果是掩盖问题，抑或是面对客户时态度蛮横无理，就严厉指责；如果只是汇报材料里的连贯性较差等一些细小的错误，就宽容以待，并耐心地教导改进的方法。

再比如，下属积极主动地应对挑战了，但还是以失败告终，那就先对下属积极主动的态度表示称赞，告诉他过程中哪些地方做得好、哪些地方需要改进，最后还会鼓励对方，激发下属的积极性。

结果，B 部长手底下大多都是些懂得主动担当的员工。

▶ 不拿对自己的要求去衡量他人

完美主义者，尤其是具有较强的理想主义的人，会以极高的标准要求自己，不允许自己示弱，更不轻易妥协。无论任何事，都追求投入百分之百的精力。

不仅如此，他们还会以同样的要求去衡量他人。面对那些不够努力、轻易妥协的人，往往容易焦躁。

完美主义者

> 用对自己的高要求
> 去衡量他人

怎么就不能再努力一点呢！

↓

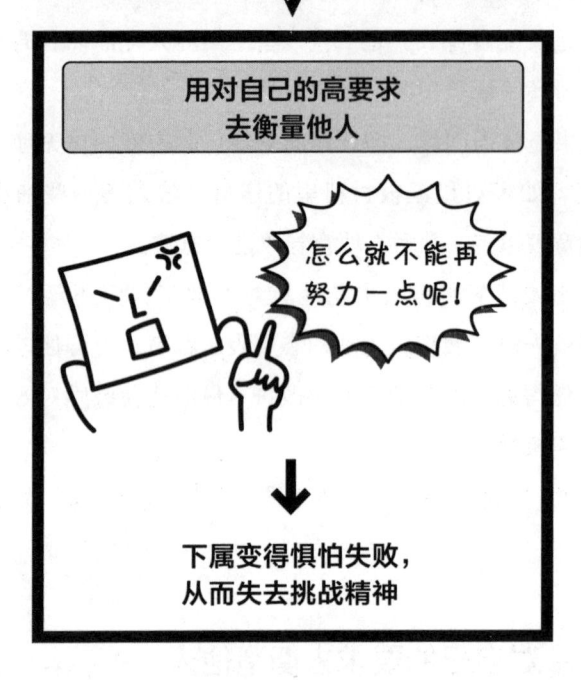

下属变得惧怕失败，从而失去挑战精神

如果能从完美主义者变为时效主义者，不单单能让自己变得轻松，还能够以一颗宽容的心去对待他人。所以，让我们减少对他人的苛责吧。

时效主义者

深知"别人和自己不一样"，
所以即便对方失败也会宽容以待

如果掩盖问题，肯定会严加指责，小失误就算了，毕竟谁都有犯错的时候。

↓

高度评价下属主动挑战的态度，
所以能够培养出会主动、敢担当的员工

实践

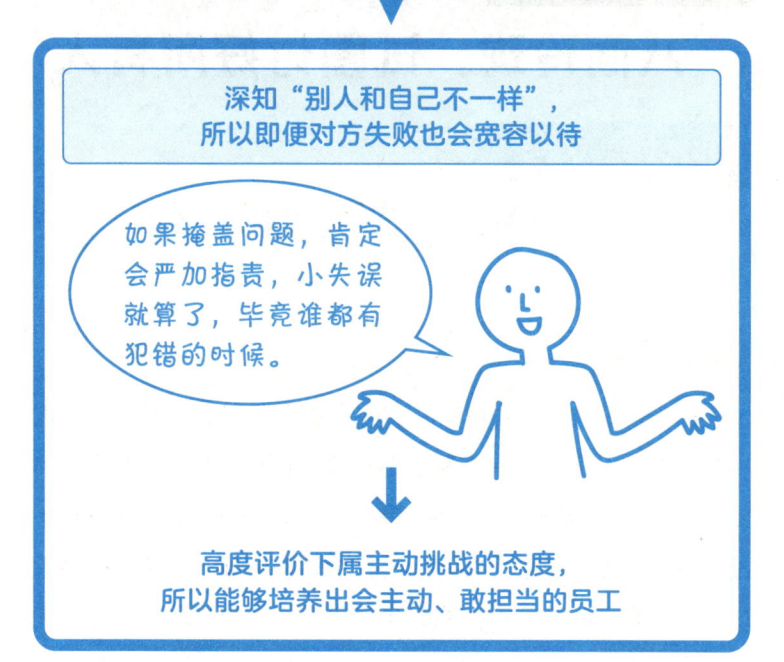

❶ 区分哪些错误应该指责、哪些错误可以容忍。

❷ 不拿对自己的高要求去衡量别人。

31

完美主义者
八面玲珑，试图讨好所有人

时效主义者
从一部分人那里获得绝对的支持

在我曾经就职的公司里，有位 A 科长的工作信条是尽可能不参加会议。即使有人来邀请他参会，他也会反问"开会的目的是什么""会后看会议纪要了解相关情况不行吗""我不在也没关系吧"等，如果没有明确的目的性和必要性，就会拒绝参加。一开始，周围人对他的印象很不好，但慢慢地也知道了他这个人性格就是如此，那些不是必须要他参加的会议也就不会跑来邀请他了。

不参会了，A 科长就有了大量的时间可以伏在案前，把原本花在会议上的时间用来预防技术隐患或是解决科室问题。既能早早下班，也能做出成绩，所以上司和其他部门都很信任他。

而另一位 B 科长则很会照顾别人，总是态度谦和。由于他不擅长拒绝，所以大家一遇到什么困难就会去找他哭诉。B 科长的一天要应付下属和其他部门的委托，还要参加5个会，总是手忙脚乱的。即便是要争取时间处理紧急故障，也会在约定好的会议上露个面，总是试图讨好所有人。

结果，担当的项目风险预防等处理不到位，经常加班到深夜，上司对他的评价也不高。

▶ 要懂得八面玲珑只会让自己吃亏

"不希望被他人讨厌"，只要是个正常人，谁都会有这种想法。但是，一旦这种想法过于强烈，就是个问题了。

"无法优先去做自己想做的事。"

"不能直接表达自己想说的事情。"

"不会拒绝。"

如此一来，为了不被讨厌而花费的时间就会越来越多，白白占用了大量原本应该用来做出成绩的时间。

完美主义者，尤其是"害怕被否定"的人，往往会追求在人际关系中受到所有人的欢迎和喜爱，一旦被批评或是被嫌弃，就会失落难过。

而时效主义者，则能够在某种程度上接受被嫌弃、被否定。

尝试一些新兴事物时，总是会有反对的声音，也会有人在背后诋毁污蔑。但是这些都不重要，只要我们能够从一部分人

完美主义者

> 害怕被他人讨厌,所以不会拒绝,结果接了一些自己能力范围之外的工作

拜托啦!
交给你啦!

那里获得认可和支持就足够了。

只要我们能有这种观念,就不再会为了让所有人开心而努力,从而获得时间和精神上的从容。

时效主义者

即使有人在背后说闲话，也坚决不会应允那些不必要的工作

实践

① 不要变得八面玲珑。

② 懂得某种程度上，即便被嫌弃、被否定也是无可奈何的。

32

完美主义者
希望能从所有人那里获得赞成票

时效主义者
彻底做好与核心人物的沟通工作

　　我曾经在大公司里做过销售，所以深知要想在公司内部完成一项审批有多难。一项申请，需要沟通的相关方足足有20人。

　　事事追求完美的我，在刚被分配到销售部时，选择按照顺序依次和所有人沟通交流，从销售部的主任、科长、部长到技术部的担当、科长、部长，最后再去找企划部的领导。

　　结果，光是让大家同意一项提案就已经累得够呛。尤其是那些很难说服的人，费尽口舌，还要重新做资料，再去沟通。反反复复，最终花费了大量时间。

　　再去看看那些很轻易就能取得批准的人，他们处理审批的方式和我的做法有很大的区别。

　　简单来说，就是"把重点放在核心人物上"。

▶ 说服核心人物，工作中的调整变更明显提前

无论是在公司内还是公司外，只要和核心人物建立良好的沟通关系，就能顺利达成协议，工作推进起来也轻松了很多。

说到核心人物，也并不一定是团队中拥有高职务的人。人际关系中，总会有那种来自职务之外强大的发言权和影响力，别人会说："既然他点头了，那就同意吧……"

核心人物的性格也不尽相同，有的人需要最先沟通，有的人则习惯规避风险，只要看到结果就行。

我在仔细观察时效主义者推进审批事项时的做法之后，做出了一些改进。在事先模拟如何调整沟通顺序才更容易让所有人赞同之后，我的审批项目很快就被批准了，速度比过去快了3倍有余。

假设，难度最大的是技术部科长，那么就先从科长最信任的销售部部长那里获得批准，在此基础上，再去找技术部科长时，科长会说："既然 A 部长都同意了……"很轻易就点头认可了。如果是想一次性与所有人都达成协议，就组织开会，事先与核心人物沟通好在会上如何发言。

要想灵活巧妙地打动组织和团队，关键就在于和那些具有影响力的核心人物保持良好的关系，掌握能让他认可的窍门，尊重全员的立场，不要让大家产生"越级了"或"自己被忽视了"的不适感是非常重要的。

完美主义者

试图按照顺序与所有相关方沟通

❶ 主任 → ❷ 系长 → ❸ 科长 → ❹ 部长 → ❺ 社长

才第一位主任，就已经败下阵了。

时效主义者

找准核心人物，巧妙地调整沟通顺序

系长的干将 → ① 主任 ← 科长的干将 → ② 系长 → ③ 科长 → ④ 部长 → ⑤ 社长

所有人都批准了！

实践

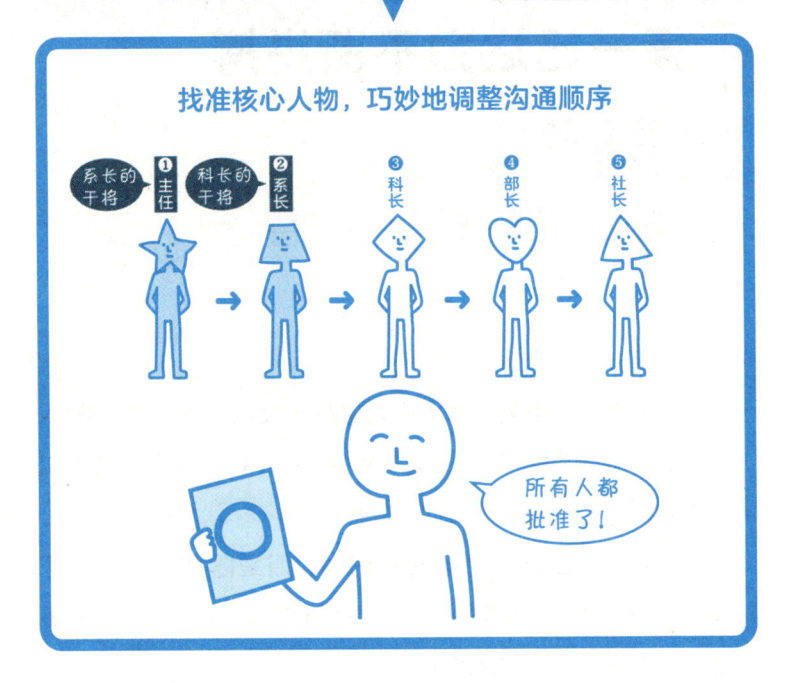

❶ 看清谁是核心人物。

❷ 与核心人物搞好关系。

33

完美主义者
凭一己之力不断拼搏

时效主义者
巧妙借用他人的力量

《聪明人用方格笔记本》中有这样一段很有意思的内容。

据说，全球管理咨询公司麦肯锡和BCG（波士顿咨询公司）的顾问把编制PPT的工作外包给了一家印度企业。

顾问们并不会直接用电脑做PPT，而是把PPT的内容手写在方格笔记本上，前提是保证手写的东西"原原本本地复刻到电脑上就是一份完整的资料"。

到了晚上通过传真把这些手写稿发送到印度，第二天早上就能在邮箱里收到印度人发来的漂亮的PPT资料。

事实上，制作PPT资料花费的时间是手写资料的3倍。

可以看出，这两家咨询公司思考的是与其耗费大量时间做1份PPT资料，倒不如做3份PPT手写稿，以及如何才能不单凭自己的力量，巧妙地借用他人的力量完成工作。

▶ 锻炼把工作委托给别人的能力

对完美主义者来说，信任别人，把工作交给别人，或许是一个需要克服的巨大课题吧。原因在于，他们不仅仅害怕可能会失败，还担心别人会在心里埋怨"你自己做不就行了"，所以自己动手，心理负担反倒更轻一些。

但是，正如本书中一直在讨论的主题，要想收获大的成果就必须把一些无关痛痒的小事交给别人，让自己能够专注于更有价值的工作。正因为如此，我们才要把信任他人、委托他人干活当成一项重要的机能。

一开始，可能会在工作交接上花费一些时间，但是慢慢地这一负担也会有所缓解，当这些工作能够完全交给别人去做时，你们二人就能像呼气和吸气一样默契地配合，高效推进工作。在达到这一状态之前，需要的是"耐心"。前提是开始信任别人，一点点地把工作交给别人。从长远来看，在这个过程中花费的时间都是可以作为成果收回的。

首先，试着把你手上不需要你亲自去做的工作和想委托给别人去做的工作写下来吧。其次，预测最终的工作成果只能勉强达到及格线，将完成期限稍稍提前，如果是风险较大的工作，就从简单的事情开始转交吧。

完美主义者

担心可能会失败，所以不愿将工作委托给别人

> 需要我帮忙吗？
> 不用了。

↓

反倒疏忽了更有价值的工作

> 没时间了！

时效主义者

把控只有自己才能完成的工作，其他的就果断交给别人

拜托你啦。

好的。

专注于更有价值的工作

实践

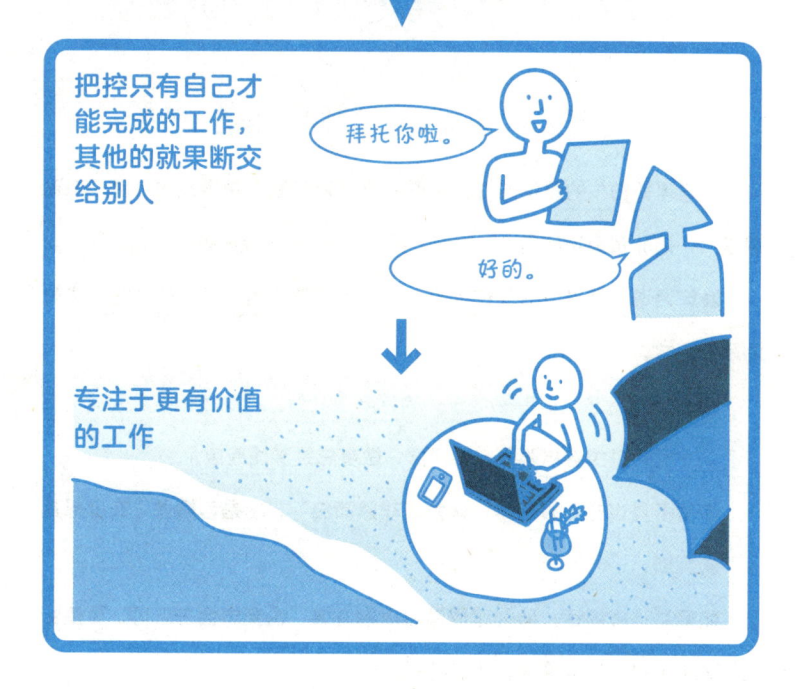

❶ 学会主动减少负担，提高把工作转交给他人的积极性。

❷ 从一开始就不期待完美，将转交工作的恐惧降到最低。

重点回顾

习惯 28

你是不是"非黑即白"的思维方式?

"非黑即白"的思维方式,是遇到某件事时脑海中浮现的一种"自动思维",是非常极端的思维,比如"好或者坏""满分或零分"。

换句话说,就是没有灰色地带——虽然不够完美,但也并非完全失败的思维方式。

尤其是拥有非黑即白思维方式的完美主义者,即稍微出点纰漏就会完全否定自己,最终容易陷入自我厌恶,做事总是半途而废。

你是不是也像下表一样,认为"非黑即白",总是习惯做"二者择其一"的判断。

如果是这样的话,那么即便是很小的成果,也要学会去认可,要接受灰色地带,这才是通往成长的捷径。

黑	白
不顺利(失败)	顺利(成功)
差	良好
不适合	合适
讨厌	喜欢
做不到	能做到
没有自信	有自信
不作为	动手实践

结　语

本书的目的是向大家传递一种可以看清"什么时候该放手、什么时候该下功夫",将努力与高质量成果结合在一起的思维习惯和行为习惯。

只有掌握了这些,才不会盲目地逼迫自己,在不承担过多压力的基础上,短时间内收获成果,成为真正的时效主义者。

作为习惯化咨询顾问,我始终以"改变习惯,就能让工作和人生产生质的变化"为信条,传递培养好习惯、摈弃坏习惯的方法,组织实施各种帮助大家实践习惯的活动。

改变思维习惯的成功示例,其背后是科学的心理学知识。作为美国 NLP 高级执行时,我也学习了认知行为科学。

我将习惯大致分为以下 3 种:

① 行为习惯
② 身体习惯
③ 思维习惯

收纳、节食、戒烟、运动、早起等行为习惯和身体习惯,可参考鄙人的拙作《坚持,一种可以养成的习惯》和《如何戒掉坏习惯》,其中介绍了习惯的养成和摈弃。

除此之外，在《去你的，小情绪：摆脱负面情绪的9个习惯》中有对思维习惯的系统性介绍。本书对其中的第7个习惯"放弃完美主义"进行了细化说明。如果你在职场内外，都希望戒掉自己的压力思维，可以参考剩余的8个习惯。

工作效率和效果，是会被思维和行为习惯的结果左右的。

所以，哪怕只是一个很小的习惯，也请你将它落实在每天的生活中。

如果能够帮助你从完美主义者转变为时效主义者，收获意料之外的成果，那么将是我的无上光荣。

最后，再次感谢大家的阅读。

2017年5月

习惯化顾问　古川武士

参考文献

《遥遥领先 VOL.113"杠杆"不是技能，而是生存之道》
（ALMACREATIONS 株式会社）

《平尾×记虎 热血谈话〈从橄榄球谈到日本运动的未来〉》
（https://www.ryukoku.ac.jp/about/pr/publications/59/sport/index.htm）

《每天 4 点 45 分下班回家的人一直在做的无聊"常识"——59 个断舍离的方法》
（山田昭男　著　东洋经济新报社）

《让周围的人瞬间成为自己"粉丝"的方法》
（ALMACREATIONS 株式会社）

《Pazudora 孙泰藏教给我们的事·去掉大脑限位开关的名言》
（https://www.youtube.com/watch?v=gc6tplcrVZk）

马上扫二维码，关注"**熊猫君**"

和千万读者一起成长吧！